Du même auteur :

Point de côté - 2006, Éditions Thierry Magnier.
Servais des Collines - 2007, Oskar.
Né sur X - 2008, Éditions Thierry Magnier.
L'Âge d'ange - 2008, L'École des loisirs.
N'importe où hors de ce monde - 2009, Oskar.
Comme des trains dans la nuit - à paraître en 2011, roman doAdo.

Dans la collection la brune au Rouergue :
Bonheur fantôme - 2009, roman.

Née en 1970 à Épinal, **Anne Percin** vit actuellement en Saône-et-Loire et partage sa vie entre l'enseignement et l'écriture.

Graphisme : Dorothy-Shoes.

© ROUERGUE 2010
Parc Saint-Joseph - BP 3522 1035 - Rodez CEDEX 9
tél. 05 65 77 73 70 - fax 05 65 77 73 71
info@lerouergue.com - www.lerouergue.com

Anne Percin

Comment (bien) rater ses vacances

doAdo
AU ROUERGUE

J'estime que la plupart des malheurs de l'humanité viennent de ce que les gens qui savent pourtant qu'ils sont uniques, s'obstinent à se laisser traiter comme un numéro parmi la masse.

Colin Higgins, *Harold et Maude*

1

— Cette année, on part en randonnée en Corse, les enfants !

Ma mère a lancé cette phrase tout en jetant un coup d'œil sur la banquette arrière où nous étions vautrés, ma sœur et moi, en état semi-comateux. J'ai croisé le regard maternel une fraction de seconde dans le rétroviseur, le temps d'une tentative d'œillade meurtrière, avant qu'un saut sur un ralentisseur ne fasse retomber sur mes yeux une grosse mèche de cheveux. Tant pis pour le regard ténébreux.

— Tu viens avec nous ?

Ma mère a tourné la tête vers le rétro extérieur, avant de franchir un céder-le-passage. Pendant un bref instant, on n'a plus rien entendu que le cliquetis du clignotant. La tête tournée vers la vitre embuée, j'admirais la vue splendide sur Ivry-sur-Seine (ses barres de HLM, ses magasins de téléphonie mobile, sa cité Maurice Thorez). Je prenais tout mon temps pour répondre.

J'ai un âge où, apparemment, mon avis compte. On me sonde, on me consulte avant de me traîner de force dans des lieux hostiles.

Quand vos enfants cessent de vous demander d'où ils viennent et ne vous disent plus où ils vont, disait un proverbe affiché à l'entrée du Super-U l'été dernier, *c'est qu'ils sont devenus des ados.* Je me souviens que mon père l'avait lu à haute voix, avec l'air d'un disciple de Confucius qui médite les paroles du Maître. Alors qu'en réalité, c'était juste une grosse connerie écrite au marqueur bleu effaçable sur un panneau d'hypermarché, entre la météo du jour et « Le Conseil de votre poissonnier »... C'était l'été dernier à Biscarosse, et je me suis juré que ce seraient mes dernières vacances en famille. Du moins, jusqu'à ce que j'en fonde une moi-même à la force du poignet, et que je l'entretienne et la chérisse et la nourrisse à la sueur de mon front – autant dire le plus tard possible.

Pour ma sœur Alice, neuf ans 3/4, Biscarosse c'était l'éclate totale : un toboggan géant, une piscine où l'on a pied tout le temps et surtout des tas de copines qui se trémoussent le soir aux animations du camping et qui font trois mille tours de vélo rose dès huit heures du matin. Pour moi, évidemment, ayant renoncé au charme subtil des conversations cryptées qu'on mène entre les cabines téléphoniques et le bloc des douches avec des jeunes filles prépubères, l'été fut plus morose.

Le pire du pire à Biscarosse, c'étaient les matins. Imaginez-vous tiré de votre sommeil paradoxal à dix heures, par les appels répétés d'une bande de sourds venus jouer au ballon entre les caravanes. Vous émergez péniblement de votre duvet dans lequel vous avez alternativement grelotté et sué (suivant les phases de la lune). Hirsute, vous vous attablez sous un soleil meurtrier devant un café lyophilisé et des biscottes au miel, sous les yeux de vos parents qui balancent une énième blague désopilante sur vos cheveux longs et poisseux (mais *qui* a décidé qu'on irait au bord de la mer ?) ou sur l'épaisseur de la couche de crasse qui semble s'être infiltrée sous vos ongles pendant la nuit – alors que, mais vous ne vous donnez même pas la peine de leur répondre, ce n'est quand même pas de *votre* faute si, dans ce camping, on ne peut espérer se doucher à l'eau chaude qu'entre cinq et sept heures du matin, horaires qui semblent réserver cette activité aux retraités insomniaques et aux noctambules avinés.

Bref. Tout ça pour dire que pour la rando en Corse, cette année, il faudrait me passer sur le corps.

Puisqu'on me demandait mon avis, je n'allais pas me priver de le donner. Mais j'avais à peine ouvert la bouche que ma petite sœur a crié :

– Ah non, pas une randonnée ! C'est horrible !

– Mais ma puce, on ne va pas te laisser toute seule, quand même !

J'ai eu un moment de stupeur. Si ça se trouve, j'ai dû rester hébété, la bouche ouverte avec un filet de bave qui coule sur le côté.

Pas une seconde, je n'aurais pensé que c'était à ma sœur que ma mère venait de demander « Tu viens avec nous ? ». C'est elle, modeste élève de sixième, que le conseil de famille entendait consulter avant le choix de leur destination ? Apparemment, je ne comptais déjà plus dans cette famille. Ça m'a rappelé cette scène du film *Orange mécanique*, quand Alex revient chez lui après sa cure d'antiviolence et qu'il découvre que ses parents l'ont remplacé par un grand dadais qui a pris sa chambre.

J'ai croisé dans le rétroviseur mes propres yeux humides et rougis par l'amertume et le désarroi (à moins que ce ne soit juste un début de conjonctivite).

– Alors, voilà, a gémi ma mère, tandis que le feu passait au vert. Vous ne voulez plus venir avec nous en vacances, c'est ça ?

J'ai failli dire qu'on ne m'avait pas laissé le temps de me prononcer sur la question, mais ça aurait été risquer de lui faire croire que j'étais candidat à la rando, ce qui eût été une grave erreur tactique.

— Ben quoi, a renchéri Alice, décidément remontée comme une pendule. C'est vous qui choisissez de faire des trucs qu'on n'aime pas, c'est pas de notre faute.

Je commençais à trouver qu'elle usait un peu trop souvent du pronom *nous*, comme si elle était le porte-parole officiel du Syndicat des enfants Mainard. Mais, vu qu'elle était montée au créneau avec tant d'énergie, je pouvais bien me reposer un peu. Après tout, il était temps qu'elle reprenne le flambeau, puisqu'elle allait entrer dans l'adolescence tandis que j'en sortais à grands pas. Comme dit la chanson, *Nous entrerons dans la carrrière / Quand nos aînés n'y seront plus*[1]...

— Très bien. Dans ce cas, a conclu ma mère d'un ton glacial, nous partirons sans vous. Ça ne nous fera pas de mal, remarquez.

L'idée m'a soudain traversé que ma mère avait prévu toute cette mise en scène depuis le début. Dans quelques instants, la machiavélique Mme Mainard (que j'avais toujours considérée comme ma mère et traitée avec tendresse et respect) allait m'annoncer que je passerais mon été à garder ma petite sœur, coincés dans un F4 du Val-de-Marne avec dix euros en poche, tandis qu'elle siroterait des mojitos au bord de la piscine à Bonifacio, avec l'homme que jadis j'appelais mon père.

Autant qu'elle soit prévenue : si elle nous préparait un *Koh-Lanta* maison, ma vengeance serait terrible. J'étais prêt à alerter les services sociaux, les chaînes de télé : une histoire d'enfants abandonnés en plein été, tu parles d'une aubaine pour les journalistes ! Ça changerait un peu des sans-papiers expulsés et des vieux qui dégivrent en maison de retraite. On pourrait même

---

1 *La Marseillaise*, chapitre 3, couplet 73, verset 12, alinéa B.

s'enchaîner avec Alice aux grilles de la SPA de Survilliers, pour le fun. Avec une pancarte « Adoptez-nous ».

Gros succès. On ferait la une du magazine *Détective* (ma grande référence journalistique). Les parents rappliqueraient dare-dare de Corse, les caméras de TF1 les suivraient sur le tarmac, ma mère serait obligée de se cacher derrière un T-shirt à tête de Maure qui la ferait passer pour une indépendantiste corse, d'un effet désastreux sur l'opinion publique.

Bon.

N'empêche que la facilité avec laquelle ma mère avait envisagé de partir seule avec mon père cachait quelque chose de louche. Je lui ai jeté dans le rétroviseur mon regard inquisiteur n° 3, celui à qui rien n'échappe, le genre Sherlock Holmes quand il arrête la cocaïne.

– Arrête de faire ta tête de psychopathe, Maxime. C'est lassant, à la fin. Bon, on reparlera des vacances ce soir, avec votre père...

Elle a donné un coup d'accélérateur pour s'engager sur la voie de gauche du périphérique, et on n'a plus rien entendu d'autre dans la voiture que les tubes démodés de Chérie FM et les couinements du doigt d'Alice sur la vitre, dessinant des têtes de mort dans la buée des portières.

Ambiance.

2

L'après-midi même, je suis allé voir Alice dans sa chambre.

C'était un samedi de mai pluvieux, comme on les aime. J'avais passé la fin de matinée à aider ma mère à ranger les courses et le début de l'après-midi à rédiger des fiches pour le bac, sur *L'Île des esclaves* de Marivaux. L'heure était donc venue pour moi de me détendre un brin en pratiquant le harcèlement moral sur une victime de dix ans.

Or, il se trouve que ma sœur était peu encline à se laisser torturer.

Vautrée sur son lit à plat ventre, les pieds battant l'air, elle était en pleine activité de *horse dreaming*. Ce sport cérébral (couramment pratiqué par les filles de moins de douze ans) consiste à rêvasser sur les plus beaux chevaux du monde qu'on pourrait se payer si on avait la chance d'épouser un émir arabe, étalée sur son lit (ou sur la moquette, ou dans le canapé du salon, ou assise sur le siège des toilettes, ou étendue sur un drap de plage…), en feuilletant d'une main ramollie par le bonheur les pages glacées d'un magazine au titre stupide du style *Cheval Beauté Nature*, *Tagada Galop* ou *Dada Star*.

— Tu veux faire quoi, toi, pendant les vacances ? lui ai-je demandé sur le ton dont Philippe Risoli demande à « L'école des fans » : « Tu veux faire quoi quand tu seras grand ? » (Et en principe le gosse répond un truc navrant qui fait rigoler tous les adultes bouffis de satisfaction.)

Alice a levé le nez de son magazine, l'air hagard.

Il lui a fallu un paquet de secondes pour revenir à elle et s'apercevoir que le monde réel n'était pas peuplé d'appaloosas tachetés galopant crinière au vent dans des plaines fleuries.

— Hein ? Ben, je sais pas... Mais ma copine Lou, elle va en colonie de vacances en Bretagne. Et j'aimerais bien y aller avec elle.

— Lou ? Connais pas. Qui c'est, celle-là ?

Alice a grimacé en faisant *Hin hin hin.*

Lou a dix ans et demi, c'est la meilleure amie-pour-la-vie d'Alice et on n'entend parler que d'elle à la maison. Lou fait du cheval, Lou a eu 10/10 en dictée, Lou a un petit copain, Lou n'en a plus, Lou danse la tecktonik, Lou part sur la Lune, Lou se présente aux présidentielles, Lou a la furonculose, Lou dénonce ses voisins communistes.

— En plus, elle part en juillet, a continué ma sœur, imperturbable (habituée aux doses massives d'ironie depuis son berceau, elle est immunisée). Si Papa et Maman nous obligent à partir avec eux en août, ça fait que je la verrai pas de tout l'été.

— Je vois. C'est l'enfer de Dante.

— Dante ? Connais pas. Qui c'est, celui-là ?

— Hin, hin, hin.

(Il me semble parfois que l'éducation que je donne à ma sœur porte ses fruits.)

— Et toi ? m'a-t-elle demandé. Tu veux y aller, en Corse ?

J'ai hésité à lui répondre. Visiblement, elle était inquiète à l'idée que j'accepte la proposition parentale, ce qui l'obligerait à renoncer à sa position de rebelle qui n'avait de poids que si elle pouvait compter sur mon soutien d'aîné. Tactique très raisonnable, bien qu'un peu transparente (c'est moi qui lui ai appris à jouer à *Empire & Conquest*).

— Moi ? Bof... Je me tâte...

Son visage décomposé évoquait vaguement le tableau d'Edvard Munch, *Le Cri*. C'était très intéressant à voir, mais j'ai abrégé ses souffrances dans ma grande mansuétude (un mot que j'ai toujours rêvé de caser).

— En tout cas, j'irai pas en Corse.

Alice m'a lancé un regard plein de reconnaissance, le genre dont elle doit gratifier son moniteur d'équitation quand il lui fait un compliment.

— Bon, on verra ce soir, avec Papa, OK ? Si on dit non tous les deux, ils vont craquer, c'est obligé.

J'ai trouvé que son plan d'attaque avait quelques failles. Elle n'est pas encore tout à fait prête pour la diplomatie, mais pour le syndicalisme c'est un bon début. Elle en a parfaitement intégré le principe de base : « Dire non et ne rien lâcher ». Ça marche peut-être dans le monde des poneys, mais pour la *Realpolitik*, ça ne suffit pas toujours. J'avais essayé de lui expliquer ça le jour où elle avait décidé de faire une grève de la faim pour obtenir un cheval. Au bout de cinq heures de jeûne, je suis venu dans sa chambre avec un paquet de bonbons et là, subitement, elle a admis qu'avoir un pur-sang dans un quatre-pièces n'était pas une excellente idée. Voilà : en gros, c'est ça, la *Realpolitik*. Je ne sais pas si mon prof d'éco aurait été d'accord, mais moi je trouvais ça pas mal, comme démonstration.

Ça m'a rappelé qu'il fallait que j'aille boucler ma dissert d'économie, et je l'ai plantée là. Elle est repartie au pays des chevaux enchantés, et j'ai quitté sa chambre.

C'est le soir de cette mémorable (bien que pluvieuse) journée, qu'après d'âpres hostilités, Alice et moi, séparatistes mainardiens, avons obtenu notre indépendance estivale.

Un petit pas pour l'Humanité, certes, mais un bond de géant pour l'homme qui sommeille en moi.

Notre auguste père, dans sa magnanimité (le deuxième mot que j'ai toujours rêvé d'utiliser), a décrété que nous serions dispensés d'user nos semelles sur des sentiers caillouteux, d'écorcher dans les ronces nos tendres mollets où ondule un fin duvet sous la brise d'été. Tout ça, grâce à l'intercession quasi divine de deux personnes qui n'étaient même pas présentes ce soir-là, j'ai nommé : Lou et mamie Lisette. Comme quoi, les miracles, c'est comme les emmerdes : ça arrive.

– Ce serait quand même super si je pouvais aller en colo avec Lou, non ? a minaudé Alice sur un ton qui n'avait rien à voir avec la façon dont elle avait parlé à Maman dans la voiture le matin même. (D'une façon générale, le ton de sa voix est très différent selon le sexe de son interlocuteur, ce qui est une donnée constante chez les filles, semble-t-il.)

Mon père s'est illico transformé en Chamallow. Apparemment, Alice avait apporté quelques améliorations à son plan d'attaque initial. Son approche, il faut le reconnaître, était plus subtile que je ne l'aurais cru. Quant à moi, je n'avais pas eu le temps d'affiner la mienne, comptant sur mon formidable sens de l'improvisation pour me tirer de là. Il est vrai aussi que je n'avais réussi à trouver la conclusion de ma dissertation sur « La libéralisation des échanges internationaux » qu'à 19 h 30, au moment où ma mère m'appelait pour mettre le couvert. Ça laissait peu de temps pour la stratégie.

Mais mon tour n'était pas venu.

Il s'avérait que la colo durait un mois et débutait le 15 juillet. Soit quinze jours avant la date prévue du départ en Corse. Pour que les deux coïncident, il fallait que nos parents décalent un peu leurs vacances. On attaquait l'os, là. Mes parents sont des aoûtiens convaincus. Depuis le temps que je les fréquente, nous ne sommes *jamais* partis en juillet. Leur demander d'avancer leurs vacances, c'était un peu comme forcer un musulman à fêter Yom Kippour.

Je les ai sentis vaciller sur leurs bases. Alice a tenté une minauderie labellisée nunuche. Mon père a regardé ma mère gravement. On frôlait l'incident diplomatique.

– Bah, après tout… On peut toujours décaler d'une semaine, a entamé ma mère, en souriant à Alice. Je n'ai même pas encore posé mes dates…

Mon père a fait la moue. Il travaille comme magasinier dans un grand garage automobile, et il faut qu'il s'arrange avec un nombre incalculable de vendeurs, mécaniciens, carrossiers, électriciens… avant de poser ses fameuses vacances.

– Mmm… On verra, pour les dates. Mais une colo, ça coûte cher, a marmonné mon père.

Shit. Pauvre Alice ! Sa belle stratégie à base de trémolos pathétiques et œillades charmeuses volait en éclats. Le nerf de la guerre, Alice ! « L'argent est le nerf de la guerre[2] » ! J'aurais dû la prévenir ! Je l'ai regardée avec compassion, mais elle a sorti sa botte secrète :

– C'est organisé par la mairie d'Ivry. C'est pas cher et ils prennent les chèques vacances, y paraît. Et aussi les bons de la CAF.

Chapeau, frangine ! Elle avait tout prévu !

Ébranlés, les parents se regardaient tout en votant à bulletin secret dans leur tête.

---

[2] Citation qu'on attribue à Rabelais, qui l'aurait piquée à Cicéron, qui l'avait prise à un mec qui savait de quoi il parlait.

– D'accord, a admis Maman. Financièrement, on devrait y arriver. Mais la vraie question, c'est : est-ce qu'on peut partir en rando l'esprit libre, sachant que la petite est en Bretagne ?

Alors là, le débat commençait à s'enliser. Si on se perdait en considérations irrationnelles, on n'avait pas fini. J'avais beau essayer de faire preuve de créativité, je n'arrivais pas à voir en quoi le départ des uns pouvait contrarier celui des autres. J'ai fini par le leur faire remarquer, mais j'ai eu droit à un haussement d'épaules désapprobateur de ma mère, qui m'a rétorqué :

– Oh, toi ! T'es sensible comme un ver de terre. Tu verras, quand tu seras papa...

J'ai senti que *Être papa* commençait à glisser en queue de peloton dans la liste de mes priorités futures. Mon père m'a rassuré d'un sourire discret qui voulait dire quelque chose comme : *T'en fais pas, ta mère débloque.* Entre hommes, on se comprend.

Après délibération, le jury ayant répondu oui à toutes les questions, Lou était acquittée.

Dispensée de vacances familiales à l'unanimité, elle hurlait de joie en bondissant dans toute la pièce avant de distribuer des bisous à tous les adultes responsables, y compris moi, qui ne suis pourtant ni adulte ni responsable (et je m'en flatte).

Au milieu de l'allégresse générale, mon père s'est soudain tourné vers moi.

– Écoute, Maxime. On ne peut pas te traîner avec nous si tu ne veux pas, et on ne peut pas non plus t'abandonner tout seul ici...

J'ai acquiescé de toutes mes forces, sentant mes cheveux me balayer le bout du nez.

– T'as pas des copains qui font un truc cet été ? Je sais pas, moi...

Mon père avait pris soudain un air atterré. Même Alice s'était arrêtée de courir autour de la table du salon pour me regarder avec pitié. Un gros ange dodu est passé dans la pièce en faisant *flap flap*, me contemplant d'un œil ébaubi, avant de se manger le mur du fond.

Damned.

Ma situation était-elle à ce point désespérée ?

Dix-sept ans, et pas un seul pote pour me proposer un plan foireux pour l'été ? L'humiliation totale. Je me suis senti changé en grosse merde, un peu comme le mec boutonneux avec des lunettes à double foyer qu'on voit dans les films américains, le genre que personne n'invite au bal de promo et qui finit par devenir psychopathe et zigouiller tout le campus à coups de chaîne de vélo. (Je sais, j'aurais jamais dû lire tout Stephen King à mon âge...)

J'ai pris les devants, sentant poindre dans leurs yeux la glauque lueur de la compassion :

– Non, mais cet été, de toute façon, je veux aller chez Mamie. J'ai des trucs à bidouiller sur son ordi, je lui avais promis de m'en occuper et j'ai jamais eu le temps.

L'apitoiement s'est mué en stupeur profonde. C'est marrant comme ça change vite, les tronches parentales. Un vrai ciel de printemps.

– Quoi ? Tu veux retourner au Kremlin ?

3

Retourner au Kremlin.

On aurait dit une chanson française démodée. *J'irai revoir ma Normandie, Me revoilà Paris, Je reviendrai à Montréal*[3].

Pour un peu, j'aurais poussé ma chansonnette, une main sur le cœur et le canotier dans l'autre.

Dans ma folle jeunesse, entre six et douze ans, mettons, j'adorais passer mes vacances au Kremlin. Ça me paraissait tellement dépaysant, la maison de mamie Lisette, que pendant des années j'ai ignoré qu'il existait un autre Kremlin, beaucoup plus exotique, planté sur la place Rouge à Moscou.

Le Kremlin-Bicêtre, ça a beau être à quelques arrêts de bus d'Ivry, pour moi c'est l'exil à Guernesey, notre datcha dans les steppes de l'Oural. C'est loin et c'est beau, parce que là-bas, il y a un jardin, et dans ce jardin, il y a un cerisier, et dans ce cerisier,

---

3 Chansons de Frédéric Bérat, Joséphine Baker, Diam's, Robert Charlebois (chassez l'intrus).

il y a un chat. (Et dans ce chat, je ne veux pas savoir ce qu'il y a, parce que ça doit être dégueu.)

Et au milieu du jardin, en rempart entre la rue et le cerisier, la maison de mamie Lisette a poussé tout droit, avec ses fenêtres à volets en bois, sa grille rouillée qui fait *gniiiii*. Au bout de la rue, il y a le périph'. Mais quand on est chez elle, on s'en tape, du périph'.

Le cerisier pousse contre le mur de la maison et ses branches rentrent presque par les fenêtres.

Le chat Hector, un matou rayé dont je suis le parrain, vu que c'est moi qui ai forcé Mamie à l'adopter à l'insu de son plein gré, va doucement sur ses sept ans, la force de l'âge. Quand j'avais dix ans, je l'ai kidnappé chez une copine dont les parents tenaient une épicerie turque sur l'avenue de Fontainebleau, et je m'étais ramené chez Mamie, un chaton dans les mains et, dans les yeux, un regard d'ourson en peluche dépressif que je croyais irrésistible. (Une alternative intéressante au *Sherlock Holmes look*, mais qui ne semblait opérer que sur Mamie.)

La maison du Kremlin, c'est aussi la collection complète des Agatha Christie aux éditions du Masque, sous l'escalier. Tout jaunes, avec des pages cornées par feu mon grand-père, qui était fan de polars. Et sur une étagère, quelques San-Antonio et dix ans d'abonnement à *Fluide glacial* (ça, c'est le legs de mon père). Des mois de lecture en perspective. Et pas la plus chiante, si vous me permettez.

C'est encore un grenier plein de boîtes au contenu farfelu, car Mamie a été maîtresse d'école et chacun sait que les institutrices gardent n'importe quoi.

C'est une chambre rien qu'à moi, tapissée de papier journal et de boîtes à œufs en carton pour l'isoler du bruit, à l'époque où j'apprenais la guitare électrique. Car entre neuf et quatorze ans, j'ai désiré ardemment devenir Jimi Hendrix ou rien. Mais vu que je n'étais ni noir ni doué, j'ai renoncé à être Jimi Hendrix. À la place, j'ai décidé de devenir éditorialiste politique à la radio, comme Thomas Legrand sur France Inter. Ça a l'air moins dur que guitariste de génie, et puis c'est moins contraignant niveau coiffure.

Il y a enfin, dans cette chambre du Kremlin, un ordinateur presque neuf, que j'ai persuadé Mamie d'acheter il y a deux ans (« Mais si, tu verras, t'auras le haut débit et, comme ça, tu vas retrouver toutes tes anciennes collègues de l'académie de Créteil »). L'informatique, je ne vais pas dire que c'est ma passion, je suis trop mauvais en sciences pour soutenir une hérésie pareille. Mais ça fait pas mal d'années que j'ai compris que ce média était la caverne d'Ali Baba de ma génération. Un simple mot de passe qu'on vole à des pirates et la grotte s'entrouvre sur des richesses insoupçonnées. Sur cette bécane, je passe mon temps à télécharger des tas de films dans l'illégalité la plus totale – chose que je ne peux pas faire chez moi, mon père étant du genre légaliste, tendance parano.

Alors, quitte à passer un été pourri, puisque j'avais décidé que je ne le passerais pas en leur compagnie, j'ai sorti le joker Mamie[4].

Mon père a accepté tout de suite.
Normal, Mamie, c'est sa mère. Depuis qu'elle est veuve, il s'inquiète toujours pour elle, à sa façon, c'est-à-dire discrètement. Il était peut-être rassuré d'avoir un agent dans la place. Chez les Mainard, on a la fibre james-bondienne. Tout le monde se surveille discrètement du coin de l'œil sans rien dire.
Les parents de ma mère, eux, je ne sais pas s'ils ont une fibre. Ou alors, c'est du nylon. Costaud mais transparent.

---

4 Remarque, ami lecteur, la richesse des rimes intérieures.

On ne les voit jamais. Ils vivent dans un petit village corse où, cette année, mes parents iraient justement leur rendre visite.

– Je sais que tu aimes bien mamie Lisette, a dit ma mère avec une pointe de jalousie. Mais c'est dommage de rester à Paris, tu pourrais aussi aller chez pépé et mémé à Bolinzana... Ça leur ferait sûrement plaisir, de voir un de leurs petits-enfants.

Alice et moi avons échangé une moue dubitative, et notre père a toussoté.

Tout le monde sait que, d'après les parents de ma mère, leur fille a épousé un vulgaire garagiste du « continent », comme ils disent, et parisien, qui plus est. Bref, elle a pactisé avec l'Ennemi. Alors, cette année, si on leur évitait de rencontrer leur descendance bâtarde, j'étais sûr qu'ils s'en remettraient. Et si jamais ils avaient un coup de blues, il leur suffirait de faire un petit tour dans le maquis à la nuit tombée tout en chantant *Dio vi salvi Regina* en polyphonie à deux voix, une main sur l'oreille, tout en pensant à la prochaine maison de *pinzute* qu'ils rêvent de voir plastiquée, et hop ! Que ma joie demeure.

Ma mère savait bien tout cela. Elle n'a pas essayé de me survendre le pack complet *Île de Beauté*. Elle s'est contentée de sourire en avançant une main pleine de bagues, histoire de remettre mes cheveux là où elle pensait qu'ils auraient dû être.

J'ai évité la manœuvre d'un mouvement du cou souple et gracieux digne d'une girafe de douze mètres.

J'ai horreur qu'on touche à mes cheveux.

Bouclés, noirs, longs et plein de nœuds : c'est la seule petite ressemblance que j'aurai jamais avec Jimi Hendrix. Alors je la cultive, si vous permettez.

4

Voilà donc comment tout a commencé.

Une décision prise à la va-vite, un soir du mois de mai, un mois avant le bac de français, alors que j'avais le cerveau en voie de putréfaction.

Un petit coup de blues, une envie de manger des tartines imbibées de confiture liquide qui passe dans les trous du pain, même pas habillé à midi moins le quart, sans que personne n'y retrouve à redire. L'envie de revoir Hector chasser les merles et se prendre des gamelles, l'envie de passer des nuits blanches à m'user la rétine sur l'écran de l'ordi à regarder des films où des innocents se font courir après par des messieurs mal intentionnés équipés de tronçonneuses, et hop !

Au Kremlin.

Mamie m'a vu débarquer, le sourire aux lèvres, le matin du 16 juillet.

La veille, ma mère a bien évidemment versé sa larme au départ d'Alice pour la colo. Elle s'est rongé quelques ongles jusqu'à ce qu'un coup de fil nous avertisse qu'Alice était bien arrivée à Ker-Tartempion. Aussitôt rassurée, elle s'est jetée à corps perdu dans le bouclage du sac à dos. Ça m'amusait de la voir traverser l'appartement avec ses papiers griffonnés, levant la tête toutes les cinq minutes pour contempler le plafond d'un air inspiré avant de lâcher : « Oh la la, j'ai failli oublier ! » Comme si la liste idéale du matériel à emporter quand on fait le GR 20 était écrite en lettres d'or au plafond, et qu'elle ne s'en était jamais aperçue auparavant.

Pendant ce temps, je savourais mon bonheur : mon sac était prêt depuis longtemps. Une vieille besace longtemps utilisée au lycée, dans laquelle j'avais fourré quelques caleçons, un jean, des T-shirts et une brosse à dents.

Au Kremlin, on n'a besoin de rien d'autre. Tout est déjà plié dans des armoires qui sentent la lessive, caché dans des boîtes au grenier, rangé sur des étagères poussiéreuses, fourré dans des tiroirs, n'attendant que moi. Rien que d'y penser, j'en avais des fourmis dans les pieds. Pour un peu, j'aurais poussé mes parents à partir en Corse le soir même, en métro, en montgolfière, en auto tamponneuse.

Après une nuit que j'imagine agitée, et quelques bisous que je n'ai pas réussi à éviter, ils ont pris le premier RER pour Roissy avant de s'envoler vers d'autres cieux. J'ai tranquillement fait le tour de l'appartement, arrosé les fleurs, débranché les câbles électriques et vidé la boîte aux lettres comme on m'avait dit, et vers onze heures, j'ai pris le bus pour le Kremlin.

Mamie donc m'attendait, comme j'ai dit, le sourire aux lèvres, vêtue d'une tunique flasque en coton bio et d'un pantalon beige très strict, contraste étonnant où elle est passée maître – ou plutôt maîtresse. Elle m'a appris qu'elle était en train de terminer son douzième album photo en *scrapbooking*, de faire de la gelée de groseilles (huit verrines), et qu'elle comptait bien préparer des cerises à l'eau-de-vie avant la fin du mois. Tout cela sans louper une seule projection de *Connaissance du Monde* au cinéma du quartier, une petite salle indépendante qu'il importait de sauver de la ruine (d'où son abonnement annuel hors de prix). Surtout qu'il allait y avoir un cycle « Civilisations amérindiennes ». Alors, hein ! Pas question de louper ça !

Elle m'a gratifié d'un coup de coude laissant supposer que j'étais censé me joindre à l'ensemble de ces réjouissances.

J'ai sorti mon sourire sarcastique n° 2, avant de lui demander :

– À part ça, on pourrait pas juste faire des crêpes ?

Mamie n'a jamais su résister au plaisir de bourrer ses petits-enfants de crêpes. Elle les fait mieux que personne et surtout, elle en fait des tonnes. Et quoi qu'on mette dessus ou dedans, elle ne s'offusque jamais. J'ai un souvenir ému d'une crêpe rillettes/Nesquick qu'elle m'a regardé manger, l'œil embué par la fierté familiale. (Peut-être aussi qu'elle se retenait de vomir.)

– Je te ferai des crêpes, si tu viens avec moi à la piscine. Ils ont ouvert une nouvelle piscine, près de la porte d'Italie. Je voudrais la tester, mais pas toute seule.

– Pourquoi, t'as besoin de quelqu'un pour noter tes dernières paroles quand tu couleras ?

Mamie a eu une sorte de gloussement, puis elle m'a tordu l'oreille d'une poigne de fer. Avec de telles méthodes, je m'étonne parfois que l'Éducation nationale ne l'ait pas fait partir en retraite bien plus tôt. Elle a profité de mon handicap pour me contraindre à m'asseoir dans sa cuisine, face à une brioche appétissante.

– Une brioche maison ! me suis-je extasié. C'est pour moi que tu t'es donné tout ce mal ? Fallait pas !

– Je sais. C'est pour ça que je l'ai achetée chez Picard.

– Ah, tu me rassures.

Elle a sorti un couteau, et taillé de bonnes grosses parts comme je les aime, sans précaution, sans finesse, le genre de parts de brioche qui fait remonter en vous les pulsions les plus terrifiantes – parce que, je ne sais pas pour vous, mais moi, les brioches me rendent sadique : j'ai envie de les mâcher, de les triturer, de les aplatir, de les déchiqueter, de les éplucher jusqu'à ce qu'il n'y en ait plus.

Ce qui n'a pas manqué.

– Comme disait toujours ton grand-père, il vaut mieux t'avoir en photo qu'à sa table, a fait remarquer Mamie.

– Ché parche que je chuis en pleine croichanche.

– Ah bon, encore ? Eh bien, je me demande ce qui pousse chez toi, à part tes cheveux.

À mon tour de glousser – situation qui a bien failli me coûter la vie, bourré que j'étais de brioche jusqu'à l'épiglotte.

Mamie m'a balancé une grande claque dans le dos, avant de reprendre :

– J'espère quand même que tu ne vas pas passer tout ton temps devant l'ordinateur, comme la dernière fois.

– Bof, chais pas, ai-je lâché dans une explosion de miettes de brioche.

C'est alors que Mamie a conclu par ces diplomatiques paroles :

– Bon. Tu feras ce que tu voudras, de toute façon.

Une des raisons majeures de notre parfaite entente, à Mamie et moi, en dehors de notre goût partagé pour le sarcasme, c'est une aptitude à nous foutre la paix mutuellement.

Les premiers temps, j'ai passé mon temps à farfouiller.

– Mais qu'est-ce que tu as donc à fureter partout ? soupirait Mamie quand je la croisais dans l'escalier, mes cheveux couverts de toiles d'araignée.

En rigolant bêtement, je retournais à mes expéditions archéologiques. Le deuxième jour, par exemple, j'ai mis la main sur un drapeau du Brésil, bizarrement dissimulé dans de la layette tricotée main, puis sur un 33-tours de Michel Polnareff *dédicacé* qui traînait au milieu d'un stock de gommettes. La dédicace reste indéchiffrable, mais je ne désespère pas.

Mener des enquêtes au Kremlin a toujours été ma vocation. Tout ça à cause de papy Gérard : quand j'étais petit, il cachait des cadeaux à mon intention dans la maison. J'avais quelques heures pour résoudre les énigmes qui me mettraient sur la piste du pistolet en plastique ou du flacon de liquide à bulles de savon. Je pense que Carter n'a pas éprouvé plus d'enthousiasme à découvrir la tombe de Toutankhamon que le jour où j'ai compris, par la seule force de mon raisonnement, qu'un jeu de cartes m'attendait dans le frigo. Le Père Noël, après ça, il pouvait toujours se gratter : aucune de ses interventions ne m'a jamais fait autant plaisir que le jeu de papy Gérard...

Afin de ne pas passer pour un accro du PC, j'ai attendu le troisième jour pour allumer l'ordinateur de Mamie dans ma chambre. Là, j'ai passé quelques heures à faire un peu de ménage. Des fichiers à ranger, des mises à jour à faire, l'antivirus à changer...

Mamie frôlait ma porte en égrenant diverses considérations telles que : « Quand on a la chance d'avoir un jardin... » ou « C'est dommage de rester enfermé quand il fait beau » (ce qui est une pure question de point de vue, mais je n'ai pas perdu de temps à lui répondre). Au bout d'un moment, n'y tenant plus, elle a finalement passé la tête par la porte pour lâcher :

– Maxime, tu es encore devant l'ordinateur...

Une petite phrase souvent entendue, pour laquelle j'ai ma réponse toute prête :

– Eh oui, j'ai déjà essayé derrière, mais on voit moins bien...

Je l'ai servie tellement souvent à ma mère, celle-là, que ça ne lui arrache même plus un sourire. Mamie, qui l'entendait pour la première fois, est partie d'un grand éclat de rire. Ça lui a duré toute la descente des escaliers.

Or, Mamie est comme la plupart des gens : si on les fait rire, ils développent une tolérance hors du commun envers nos petits défauts.

Pendant qu'elle se bidonnait, je constatais avec horreur que Mamie ne triait jamais le contenu de sa boîte mail, et qu'elle n'effaçait pas les messages indésirables, se contentant de les repousser dans un dossier prévu à cet effet – un peu comme Hector cache des souris mortes sous le tapis. J'avais beau savoir qu'elle avait du mal à jeter, là, on dépassait les limites du concevable. Pourquoi avoir gardé cinquante-trois messages publicitaires pour le Viagra ? Elle devait penser que ça servirait un jour... Sacrée Mamie.

Après ce grand ménage, j'ai pu enfin me consacrer pleinement à la gestion de ma propre configuration. Avec tout ça, je n'avais pas mis les pieds dehors, ce qui répondait pleinement à ma définition d'*une belle journée réussie*.

Vers sept heures, Mamie a accepté de confectionner des crêpes, en échange de ma promesse d'apprendre à les faire. J'ai donc noté sa recette dans un coin de ma tête (section 23 du lobe pariétal gauche). Pendant qu'on les faisait sauter dans nos poêles respectives, j'ai allumé son poste de radio et passé quelques minutes à rechercher la station adéquate pour célébrer l'instant. Le Mouv' semblait être la radio idoine. Mamie s'est donc farci quelques *hits* qu'elle semblait juger à son goût, allant jusqu'à déclarer que Robbie Williams était un artiste « intéressant »... J'imagine que la chaleur de la gazinière lui faisait perdre la tête.

Et à neuf heures, tandis que je m'installais confortablement dans le salon auprès d'elle pour regarder *Inspecteur Barnaby*, la bécane ronronnait gentiment à l'étage en téléchargeant des films de série Z.

Les vacances commençaient enfin.

5

Une semaine plus tard[5], nous avons été tirés de notre sommeil, Mamie et moi, par un coup de fil extrêmement matinal.

Depuis qu'elle est à la retraite, Mamie met un point d'honneur à ne pas se lever avant neuf heures. Quant à moi, j'estime qu'ouvrir les yeux avant midi témoigne d'un grand appétit de vivre, quand on s'est couché à quatre heures.

Dans un demi-sommeil brumeux hanté de créatures extraterrestres qui buvaient du café au lait, j'ai entendu la voix de Mamie résonner dans le couloir.

— Maxime ! Ta maman voudrait te parler !

Je me suis demandé grâce à quel don de télépathie Mamie pouvait savoir une chose pareille, avant de comprendre que ce message sibyllin signifiait que ma mère était au téléphone. Je vous accorde que je ne suis pas du matin. (Sherlock Holmes non plus, ce qui ne l'a pas empêché de réussir sa vie, du moins de mon point de vue.)

---

5 Soit le 22 juillet, pour ceux qui suivent l'action avec un calendrier.

J'ai pris le combiné du téléphone avant de m'affaler sur une chaise opportunément placée là par Mamie, tandis que celle-ci trottinait vers la cuisine.

– Mon grand, c'est Maman ! Ça va ?

– Ouais...

– Oh, je suis désolée, on te réveille, non ?

– Pourquoi, c'était pas le but ?

Il y a eu un moment de flottement, et puis elle a repris sur un ton un poil moins chaleureux :

– Écoute, Max, on téléphone ce matin parce qu'on se lance dans une étape qui risque d'être assez longue, et on n'aura pas accès au téléphone dans les prochains jours...

– Mais t'as pas ton portable ? ai-je articulé péniblement.

À son tour de ricaner :

– Mon grand, je te signale qu'on est sur le GR 20, en Corse. Le réseau mobile ne couvre pas 100 % du territoire français, tu sais ?

Corsica, *one point*.

– Alors voilà, on voulait juste vous entendre, Mamie et toi, vous dire que tout va bien... On a appelé Alice hier soir. Elle s'amuse bien, tu pourras l'appeler aussi, à l'occasion.

J'ai ouvert de grands yeux effarés, mais j'ai jugé plus prudent de ne rien dire et de noter sans broncher le numéro qu'elle me dictait. J'entendais la voix de mon père demander : « C'est Maxime ? Tu me le passes ? »

– Alors, ça mousse, chez Mamie ? Ta mère, elle cavale comme une chèvre, je peux pas suivre ! (J'entendais ma mère rire en fond sonore). Bon, allez, à la prochaine fois, mon grand ! Hein, quoi ? Attends, y a ta mère qui...

– Dis-lui qu'il peut nous appeler quand il veut, qu'il laisse un message sur le répondeur...

– T'as entendu, Max ?

– Ouais, ouais... Pas de problème, profitez-en bien ! Vous en faites pas pour nous. Mamie, Alice et moi, on s'éclate !

Ça sonnait un peu bizarrement, comme si j'avais voulu sous-entendre que, sans eux, on s'amusait comme des fous. Mais ça a semblé produire l'effet escompté, car mon père a raccroché dans la joie et la bonne humeur.

Un instant, j'ai pensé me recoucher. Il n'était pas trop tard pour retrouver mes copains extraterrestres. Mais quand je suis entré dans la cuisine en suivant Hector qui trottinait, la queue levée, l'odeur du pain d'épices a achevé de me tirer de ma léthargie.

Mamie était en train d'extraire des tranches de pain d'épices du grille-pain. Sur la table, un paquet de beurre salé n'attendait que moi. Comment résister ? On frôlait la torture chinoise. Du beurre salé qui fond sur une tranche de pain d'épices Prosper croustillante, c'est l'antichambre de la débauche, le Nirvana gustatif. Rien qu'en y pensant, je bave. Hector, qui doit être assez gourmand lui aussi, avait grimpé près de l'évier et se tortillait devant la fenêtre, en regardant un piaf sautiller dans les branches du cerisier.

– Il va encore faire beau, aujourd'hui, a dit Mamie.

Ça paraissait inévitable.

– Une belle journée pour grimper dans les arbres... a-t-elle ajouté avec malice.

Le problème avec une grand-mère ex-instit, c'est qu'elle sait toujours exactement comment tourner les choses pour obtenir de vous que vous fassiez les choses les plus rébarbatives. Quand j'étais à l'école et que j'allais chez elle les mercredis, je finissais toujours par faire mes devoirs, à ma propre stupéfaction. Elle m'a même traîné à la piscine, au théâtre, dans les musées. Le pire, c'est que j'étais content.

On s'est donc retrouvés, le chat et moi, à dix heures du matin perchés dans les branches du cerisier.

Hector était monté à l'échelle derrière moi, puis s'était posté à l'affût des oiseaux, sans plus songer à m'aider. Mamie allait et venait dans le jardin, posait des cagettes au pied de l'arbre, me tendait des paniers que je remplissais en cadence.

Les cerises Montmorency, c'est le cauchemar de tout cueilleur qui se respecte. D'abord, ça a de toutes petites queues ridicules, et ça ne cherche qu'à s'en détacher. Or, si le fruit se détache, on se retrouve avec les mains pleines de jus, un noyau qui vous saute à la figure et une mémé qui pète un câble parce qu'on ne peut plus faire des cerises à l'eau-de-vie. Ensuite, on ne peut même pas faire disparaître les fruits incriminés en les mangeant, sous peine d'une nausée digne d'une indigestion de mini-bouteilles de Coca. Le taux d'acidité dans les intestins prend des proportions désastreuses, et on est bon pour passer l'après-midi à se tortiller sur les toilettes.

Mamie ayant déjà cueilli toutes les cerises à portée de main, il me restait à débusquer les grappes extrémistes, pendues avec perversité à des branches inaccessibles.
– Fais quand même attention, Maxime. J'ai pas envie que tu passes tes vacances à l'hôpital.
Un instant, j'ai entrevu avec béatitude un mois d'août passé au milieu du ballet des infirmières qui viendraient tapoter mon oreiller en se penchant sur moi avec des décolletés avantageux, tandis que je m'empiffrerais nonchalamment de chocolats que Mamie m'amènerait chaque jour, rongée par la culpabilité... Mais le problème avec les chutes, c'est qu'on ne peut pas choisir ce qu'on va se casser.

La torture a pris fin vers midi.
Il commençait à faire chaud. Je suis redescendu de mon perchoir, couvert de petites queues de cerises et de cette espèce de pelure marron qu'elles laissent derrière elles en se décrochant

des branches. Mon T-shirt blanc était couvert de taches rouges et me collait à la peau.

Je suis allé me laver pendant que Mamie faisait griller des merguez (une suggestion du chef Maxime).

Après le déjeuner, la généralissime a décrété qu'on avait bien le droit à une petite sieste.

Les stores du salon, toujours baissés depuis le début des grosses chaleurs, plongeaient la pièce dans une saine et rafraîchissante pénombre. Elle a allumé la télé. Ô joie, c'était l'heure de *Derrick*. Trop accablé pour rejoindre ma chambre, je suis resté et j'ai suivi l'intrigue – si toutefois on peut appeler *intrigue* une suite d'actions décousues filmées au ralenti – jusqu'au bout. Malgré les ronflements de Mamie, qui avait lâché le fil d'Ariane et renoncé à interpréter les monosyllabes lâchés par l'inspecteur. Qui, soit dit en passant, bien que l'histoire se passât en été au bord du lac de Constance, semblait très à l'aise dans son pardessus en laine. On voit bien qu'en Allemagne, il ne fait pas chaud.

J'en étais là de mes réflexions puissantes, lorsque le téléphone a sonné. Encore. À ce compte-là, Mamie devrait bientôt embaucher des standardistes.

Je suis allé décrocher, laissant l'aïeule émerger des limbes germaniques.

À l'autre bout du fil, une voix féminine s'est présentée :

– Bonjour, c'est Véronique, du club de bridge. Vous allez bien ? Pourrais-je parler à Élisabeth, s'il vous plaît ?

Je me suis demandé ce qu'il convenait de faire : lui dire que j'allais très bien, merci, et raccrocher ? Les gens qui demandent si on va bien sans attendre de réponse, ça m'énerve. Et si je laissais simplement flotter un silence digne de *Derrick*, jusqu'à ce qu'elle en meure d'ennui ?

Mais soudain, Mamie est apparue derrière moi. Je lui ai passé le combiné, et elle s'est derechef installée sur la chaise où j'étais ce matin, et qui ne semblait pas avoir d'autre fonction que d'endurer confortablement des appels chiants.

J'en ai profité pour monter voir ce que faisait l'ordinateur en mon absence. J'avais lancé un téléchargement audacieux, le genre à mettre en émoi toute une brigade antifraude et donner du grain à moudre à Harry[6].

---

6 Harry est l'assistant de Derrick. Il porte une veste en cuir pour montrer qu'il est jeune.

6

J'en ai profité, devant l'ordi, pour répondre à quelques messages de copains de lycée, dont le tristement célèbre Kévin, le garçon le plus sévèrement touché par l'acné de tout Villejuif. Sans trop savoir ce que je faisais, je me suis connecté également à ma messagerie en ligne préférée, où je n'avais pas fait d'apparition depuis presque 48 heures, ce qui devait plonger la communauté dans un désarroi bien compréhensible.

Je n'y ai trouvé qu'Alexandra, les autres s'étant probablement livrés à un suicide collectif en ne me voyant pas revenir.

Alexandra est une fille, ce que son prénom laisse deviner – un handicap charmant qu'elle tente de dissimuler derrière une violence verbale et physique qui défie l'imagination.

C'est elle qui m'a prêté les DVD d'*Orange mécanique*, de *Massacre à la tronçonneuse*, et c'est avec elle que j'ai vu toute la série des *Saw* au ciné, particulièrement *Saw 6* dont le titre suffit à me faire rire pendant dix minutes[7]... Un rien m'amuse. Il paraît qu'il je suis mon meilleur public, comme me l'a fait remarquer pendant l'année Mme C., proviseure du lycée, qui trouvait que je la ramenais un peu trop pendant les conseils de classe (ce à quoi j'ai répondu que ce n'était pas la peine de faire de l'humour si on ne savait pas en profiter soi-même). Toujours est-il qu'Alexandra présente pour moi le triple avantage d'avoir une culture compatible avec la mienne, une vidéothèque de premier ordre, et d'offrir une relation dénuée de toute arrière-pensée sentimentale – ce qui serait gênant. Non pas que j'aie fait vœu de chasteté. C'est juste que...

Comment dire ?

Depuis l'âge de dix ou onze ans, j'ai commencé à m'apercevoir que les filles et les garçons avaient une manière de se tourner autour parfaitement ridicule. Tout ce qui ressemble de près ou de loin à un début de relation amoureuse s'apparente à une parade nuptiale digne des dindons. On se gonfle les plumes, on se rengorge (pour le mâle), on se tortille du derrière, on roucoule (pour la femelle). On en devient moche, on en devient con(ne), on laisse tomber ses ami(e)s, on prend des airs niais, on rit pour un rien, enfin on ne rit plus du tout. On fait des serments, on les viole, on ment, on se sépare. Au suivant ! Et ça recommence.

La lecture des *Liaisons dangereuses*, pendant l'année de Première, a achevé de me dégoûter. C'est bizarre, je me serais volontiers proclamé libertin, avant de savoir ce que c'était que le libertinage. Je croyais que Don Juan et Valmont étaient des cyniques, des libres-penseurs, des types *à la coule*, quoi, comme disait mon grand-père Gérard. Mais ils ne sont que des spécialistes de la parade nuptiale, qui ont élevé la danse du dindon au rang d'art.

---

[7] Essayez à voix haute, vous verrez. Remarquez, *Saw 7*, c'est marrant aussi.

C'est navrant.

Alors, cette année, à part Alexandra, je n'ai fréquenté aucune fille, et je me contente d'une vague partie de touche-pipi avec une copine à elle, lors d'une soirée en boîte, pour me convaincre que ce sont bien les filles qui m'intéressent. Mais bon, je ne suis pas d'un naturel pressé. Faut pas qu'on me pousse. Ça va à son rythme. Qui vivra verra. Advienne que pourra. *Time will tell.* *Que sera sera...* (Dites-moi où il faut m'arrêter, parce que j'en connais encore des tonnes.)

Comme j'avais vu la nuit précédente un film d'horreur particulièrement gratiné (avec énucléation à la cuillère, un régal pour les yeux), nous avions, Alex et moi, de quoi alimenter notre *chat*[8]. Au fil des heures quelques avatars, que nous avons dégommés à coups de latte, sont venus se coller à notre passionnante conversation. Comment supporter en effet qu'un ignare à la syntaxe hésitante vous interrompe par une saillie de ce genre : *C koi vo film alacon ke vous parlé ? C trop naz vou conéssé pas le vré cinéma ou koi ?*

Comme si l'intervenant décérébré connaissait quoi que ce soit au cinéma. Je vous jure ! Il y a des gens qui donnent envie de courir chez Leroy-Merlin s'acheter une tronçonneuse.

Au bout d'un temps difficilement quantifiable, nous avons réussi, Alexandra et moi, à nous quitter après maints échanges d'émoticônes crétines qui n'amusent que nous.

La lumière avait changé. Le soleil qui entre à flots dans ma chambre avait tourné. Il était plus de seize heures. Que faisait donc Mamie ?

---

8 On peut dire *clavardage*, en français. La commission à la francophonie propose *éblala...* Perso, je garde le *chat*, mais c'est vous qui voyez.

J'ai pensé qu'elle avait entrepris de s'occuper des fruits estropiés de ce matin. En effet, elle m'avait annoncé d'un ton lourd de reproches qu'avec les cerises équeutées, on ne pouvait plus faire que de la confiture. Mais, heureusement pour moi, elle avait encore en réserve quelques kilos de sucre cristallisé. On sentait bien que faire de la confiture n'était pas sa priorité, et que si je n'avais pas été aussi maladroit, elle s'en serait abstenue bien volontiers. J'avais eu envie de lui répondre que, puisqu'elle était si maligne, elle n'avait qu'à monter elle-même sur l'arbre. Mais on ne peut décemment pas répondre ça à une femme de soixante-quinze ans qui vous a toujours fait des crêpes *ad libitum*.

J'ai descendu les escaliers menant à la cuisine.

Ça sentait le caramel : mon sens de la déduction ne m'avait donc pas trompé. J'ai laissé mon Dr Watson imaginaire me complimenter, tandis que je m'approchais d'un pas nonchalant, essayant d'éviter Hector qui s'entraînait pour le slalom géant en dessinant des 8 entre mes jambes.

Mais parvenu à la cuisine, il m'a semblé que l'odeur de caramel était un peu plus prononcée qu'elle ne l'aurait dû.

Pour faire de la confiture, on prépare un sirop, m'avait expliqué Mamie. Pas des Carambars. En respirant à fond, on pouvait même juger l'odeur incommodante.

D'autant que la fumée noire qui s'élevait de la bassine de cuivre posée sur le gaz, tendait à envahir toute la pièce.

Si la fenêtre n'avait pas été entrebâillée, nul doute que toute la maison aurait été envahie par cette terrible odeur de sucre brûlé. Je me suis approché de la gazinière pour éteindre la flamme, et j'ai fait glisser la bassine de cuivre vers l'évier. Au fond flottait un liquide couleur de pétrole, pâteux et puant. À sa surface crevaient des bulles méphitiques. Un vrai chaudron de sorcière.

Bon, me suis-je dit.

Restons calmes.

Le risque d'incendie était évité. Il suffirait d'aérer la cuisine toute la soirée pour que l'odeur se dissipe. Pour la confiture de cerises, on repasserait. C'était pas plus grave que ça. Pas de quoi fouetter Hector. Pas de quoi perdre son sang-froid, ni son latin, ni ses bonnes manières.

Mais Mamie, bordel de merde ! Qu'est-ce qu'elle foutait ?

J'ai parcouru des yeux toute la pièce, comme si elle avait pu s'y cacher. Et si je découvrais une charentaise dépassant du frigo ?

J'ai contourné la table, refermé la porte. Aucun signe. Bizarrement, je n'ai pas appelé. Comme si je savais qu'elle ne pourrait pas m'entendre. Je cherchais, c'est tout.

Et je savais que je la trouverais. Mamie est quelqu'un d'étonnant, mais pas au point de quitter sa confiture sur un coup de tête pour aller se balader. Elle ne pouvait pas être loin. Et si elle avait eu un malaise ? Si elle était allée s'étendre cinq minutes au salon ? Mais le salon était désert (si l'on excepte Hector, qui avait abandonné les J.O. d'hiver et se reposait sur le canapé). J'ai pensé qu'elle pouvait être dans son lit, mais je me suis dit que si elle était montée à l'étage, je n'aurais pas manqué de l'entendre, puisque sa chambre est à côté de la mienne. La conversation de clavier d'Alexandra n'est pas assez fascinante pour me rendre sourd au monde extérieur.

C'est alors qu'un détail, enregistré en passant dans la cuisine, m'est revenu en tête.

Les cerises.

Quand on fait de la confiture de cerises, la moindre des choses, c'est d'avoir des cerises à portée de main. Sinon, à quoi bon. Or, sur la table, sur l'évier, près du gaz, aucun fruit.

J'ai contourné l'escalier.

Au fond du hall d'entrée, une porte donne sur le jardin. Juste avant, sous l'escalier, se trouve une petite pièce sans fenêtre au plafond en pente, que j'ai toujours appelée la chambre d'Harry[9]. On y entrepose les légumes du jardin, les fruits et quelques conserves. C'est là, le matin même, que Mamie avait entreposé les cerises. Elle avait dû aller les chercher pendant que le sucre chauffait dans la bassine en cuivre.

J'avais hâte d'en finir, de mettre la main sur Mamie et d'abréger le scénario catastrophe qui se mettait en place dans ma tête. J'ai ouvert la porte. Machinalement, j'ai tâtonné pour tourner le bouton du minuteur à l'entrée du cellier.

Je me suis rappelé le jour où Mamie m'avait expliqué ce que c'était qu'un minuteur, et en quoi il était bon qu'une lampe s'éteigne toute seule quand on a des petits-enfants qui vont se servir au cellier et oublient d'éteindre derrière eux.

C'est con comme ça fonctionne, la mémoire.

Parce que là, dans une fraction de seconde, j'aurais besoin de me rappeler quel numéro on doit composer en cas d'urgence. Et savoir faire la distinction entre le 18, le 112, le 17 et le 15 s'avérerait beaucoup plus utile que de savoir comment marche un minuteur.

---

9 Les apprentis-sorciers comprendront…

7

J'ai d'abord buté sur quelque chose, et j'ai fait un bond de côté comme si je m'étais brûlé les pieds.

Quand j'ai osé regarder vers le sol, j'ai eu l'impression que la peau de mon crâne était en train de rétrécir et que mes cheveux allaient s'en détacher. Ça doit être ça, « avoir les cheveux qui se dressent sur la tête ». J'avais toujours cru que c'était une de ces expressions toute faites qu'on trouve dans les livres. Un cliché.

Mamie gisait sur le sol, en vrac : le désordre de ses bras et de ses jambes et sa tunique retroussée donnaient l'impression qu'elle s'était roulée par terre. Une cagette de cerises avait chuté en même temps qu'elle et les fruits avaient dévalé. Je n'ai pas manqué d'en écraser en m'agenouillant près d'elle.

Elle avait l'air de dormir. Du moins, c'est ce que je me disais, tout en sachant très bien que ce n'était pas *réellement* l'impression qu'elle me donnait. C'est seulement quand j'ai pu prononcer dans ma tête cette phrase atroce : *Elle a l'air morte*, que j'ai senti mon cerveau tirer la sonnette d'alarme. J'ai mis la main sur sa gorge, toute la main, comme pour l'étrangler : j'ai senti son pouls battre au creux de ma paume. Elle vivait toujours.

Je me suis relevé d'un bond, j'ai couru dans le hall d'entrée, bousculé la chaise sur laquelle, deux heures plus tôt, Mamie s'était assise, j'ai empoigné le téléphone et composé... le 112.

Mais le 112, me suis-je dit, c'est depuis un portable. Est-ce que ça marche depuis un fixe ? Peut-être pas... J'ai raccroché et fait le 18. Le temps de me souvenir qu'au collège, des bénévoles étaient venus pour un stage de secourisme et qu'avec Kévin, on avait ricané comme des hyènes à l'idée qu'on nous apprendrait à faire du bouche-à-bouche. Et puis ils avaient dit et répété qu'en cas d'urgence médicale, il n'y avait qu'un numéro à faire : le 15.

J'ai raccroché et composé le 15.

Une voix métallique à l'autre bout du fil a déclaré : « Vous avez composé le 15, ne quittez pas. » J'ai levé la tête, surpris mon visage dans le miroir pendu au mur devant le meuble du téléphone. Complètement hagard. Je ne me reconnaissais pas.

Enfin, une voix humaine m'a répondu. J'ai commencé une phrase pour parler de Mamie, mais on m'a aussitôt interrompu. J'étais incapable de me rendre compte de ce que je disais. C'est comme si ma voix avait coupé toute communication directe avec mon cerveau.

— Calmez-vous, m'a dit la personne au bout du fil. J'ai compris que votre grand-mère était tombée. Dites-moi qui vous êtes, donnez-moi votre numéro de téléphone et ne raccrochez pas.

J'ai donné mon nom, le numéro de Mamie, son adresse, son âge. À toute vitesse, comme si je devais me dépêcher de profiter de ce que mon cerveau se soit remis en marche momentanément.

— Ne raccrochez pas, a répété la voix. Je vous mets en contact avec un médecin.

Heureusement que j'avais promis deux fois de ne pas raccrocher... Parce qu'à ce moment-là, à l'idée de devoir encore patienter pour parler au médecin, mon premier réflexe aurait été de tout balancer pour retourner voir Mamie. J'ai tiré le fil du téléphone aussi loin que je le pouvais, jusqu'à me trouver près de la porte du cellier. De là, en me penchant, je pouvais rallumer le minuteur et l'observer : elle était toujours immobile.

– Décrivez-moi la situation, a dit soudain une voix d'homme au bout du fil.

J'ai tout repris dans l'ordre, comme au Cluedo : Mamie étendue sur le dos, dans le cellier, avec une cagette de cerises. Oui, elle respire ; non, elle ne m'entend pas.

– Demandez-lui de serrer votre main.

J'ai rampé jusqu'à Mamie, tenant le combiné d'une main, paniqué à l'idée que le fil soit trop court et que la prise téléphonique se décroche à force de tirer dessus. Quand je pense que mon portable était resté dans ma chambre ! J'ai glissé ma main gauche dans celle de Mamie.

– Mamie, si tu m'entends, serre-moi la main.

Rien que de lui parler comme ça, comme si elle n'était déjà plus qu'un ectoplasme flottant dans l'au-delà, j'en ai eu une nouvelle crise de panique.

J'ai repris le téléphone, hoquetant péniblement :

– Ça ne marche pas, docteur. Elle ne m'entend pas !

– Les secours arrivent. Restez à côté de votre grand-mère. Ne paniquez pas. Écoutez-moi attentivement... Elle est inconsciente, mais elle respire et son cœur bat. Dégagez son menton, pour qu'elle respire bien : ouvrez un bouton de chemise, ouvrez sa bouche. Vous connaissez la PLS ? Oui ? Alors, allez-y : pliez sa jambe gauche, allongez ses bras sur le côté et basculez-la...

Si on m'avait demandé une heure plus tôt ce qu'était la PLS, j'aurais probablement répondu que c'était la dernière console de chez Sony. Là, non seulement je savais ce que signifiait la *position latérale de sécurité*, mais je me souvenais exactement des gestes à faire pour l'obtenir. Ça ressemblait *grosso modo* à la position que je prends pour m'endormir, en chien de fusil. J'ai beau essayer de chercher une autre cause, je reste persuadé que c'est bien ce petit stage au collège – pendant lequel aucun élève n'a pratiqué le bouche-à-bouche – qui me l'a appris...

Au bout d'un moment, le médecin m'a dit que je pouvais raccrocher. Je n'en avais aucune envie. Je continuais à me cramponner à ce téléphone, à cette voix, à ce médecin quelque part dans Paris qui, en cet instant, m'était plus proche, plus intime, plus nécessaire que n'importe qui sur Terre.

C'était surréaliste.

Pour me rassurer, il a répété que mon numéro était enregistré, qu'une ambulance allait arriver dans quelques minutes, que je devais rester à côté de *la victime* et ne pas bouger. Je n'aurais le droit de rappeler que si son état empirait, à savoir : si elle s'arrêtait de respirer.

Voilà pourquoi, lorsque la sirène de l'ambulance a retenti dans la rue, je n'ai pas fait un geste pour aller ouvrir la porte d'entrée : j'avais les yeux fixés sur la poitrine de Mamie, que je regardais s'élever et s'abaisser, avec l'impression curieuse que le seul fait d'en éloigner les yeux risquait de la tuer.

8

Lorsque les brancardiers ont enfourné Mamie dans l'ambulance, j'ai cru que je pourrais sauter dans l'habitacle, comme tout le monde le fait dans les films. Mais le siège à côté d'elle était déjà occcupé par un infirmier, et il semblait y avoir juste assez de place pour elle, lui, et un arsenal d'instruments bringuebalants.

On m'a signifié que la famille, même animée des meilleures intentions, n'avait jamais sa place dans une ambulance des urgences.

– Vous pouvez suivre si vous voulez, m'a dit le chauffeur, refermant son petit carnet bleu sur lequel il venait de noter le nom, l'adresse et l'âge de Mamie. On l'emmène aux urgences, à Bicêtre. Vous êtes tout près. Rejoignez-nous là-bas, vous aurez de ses nouvelles.

Une chose à laquelle je n'avais jamais pensé jusque-là, malgré des années de vacances assidues, c'est que ça pouvait être pratique d'habiter si près du centre hospitalier. Pourtant, j'imagine que, pour la plupart des Parisiens, le Kremlin n'évoque rien d'autre que ça. C'est qu'ils n'ont pas de cerisier dans leur jardin, eux.

En entendant l'ambulance partir, je me suis senti à la fois immensément soulagé et désespérément seul.

S'il n'y avait pas eu Hector pour se rappeler à mon bon souvenir, je crois que je me serais assis sur les marches du perron et que j'aurais rempli un jerrican de bonnes grosses larmes *premium quality*, de la larme d'ado Label rouge, certifiée France.

Mais Hector miaulait derrière la porte que j'avais refermée, sans doute navré d'avoir manqué le spectacle. Je me suis relevé de la marche où j'étais mélancoliquement affalé, et j'ai mis la main sur la poignée de la porte...

Avant de réaliser que, si celle-ci avait claqué derrière nous (les ambulanciers, Mamie et moi), c'était très mauvais signe. La poignée de porte est un lourd cercle en laiton qu'on tire ou qu'on pousse, mais qu'on ne peut manœuvrer d'aucune façon. Dans l'urgence, j'avais suivi les événements sans penser à prendre les clés...

J'étais donc coincé dehors.

Et Hector, de l'autre côté de la porte, entamait la symphonie *Pathétique* (troisième mouvement).

J'ai tout de suite pensé à rentrer par la porte du jardin, sur le côté de la maison. Mais Mamie l'avait refermée à clé, comme à son habitude. Il restait les fenêtres : celle de la cuisine était ouverte, puisque j'avais voulu l'aérer pour évacuer la fumée du caramel (il me semblait que tout cela s'était produit des siècles plus tôt).

Il fallait d'abord atteindre un petit rebord, à deux mètres du sol. J'ai refait le tour de la maison pour chercher l'échelle qui m'avait servi le matin même dans le cerisier. Je suis revenu l'installer devant la fenêtre de la cuisine, plein de reconnaissance pour cet instrument merveilleux.

Mais au moment où je l'escaladais, j'ai été hélé par une voix venue de la rue.

– Hé, là-bas ! Le jeune homme, il fait quoi ?

Je me suis retourné. J'avais oublié que, de l'autre côté de la rue, il existait un arrêt de bus. Et bien planté sous le poteau vert au numéro orange, un type en costume gris, plutôt enveloppé, me regardait, les mains sur les hanches.

– Je rentre chez moi ! ai-je crié de toutes mes forces.

Ostensiblement, il a sorti de sa poche son téléphone portable.

– J'appelle la police ! a-t-il crié.

De loin, j'ai aperçu le bus qui approchait. Ça n'était peut-être pas la peine de s'affoler. Si le type voulait jouer au gendarme et au voleur, j'étais prêt à parier que son envie lui passerait dès que son bus arriverait. J'ai crié :

– Chiche !

... et j'ai mis les pieds sur le rebord de la fenêtre de la cuisine. J'ai poussé le battant de la main, la vitre s'est ouverte vers l'intérieur et je suis entré. Au moment de refermer la fenêtre sur moi, j'ai jeté un coup d'œil de l'autre côté de la rue : le type avait disparu, avalé par le bus. Il irait le tourner ailleurs, son remake d'*Un justicier dans la ville*.

Dans l'entrée, j'ai fait un peu de rangement : j'ai remis le téléphone à sa place, balayé les cerises écrasées au cellier. Dans la cuisine, alors que je revenais pour boire un verre d'eau, j'ai aperçu le sac à main de Mamie.

Dans la précipitation, je n'avais pas pensé à le donner aux ambulanciers. Il serait sans doute judicieux d'amener ses papiers à l'hôpital, histoire que Mamie ne nous fasse pas le coup du soldat inconnu. J'ai vérifié qu'il contenait les clés de la maison, que j'ai fourrées dans ma poche. Le sac à main au bras, j'ai pris la tangente. Il était dix-sept heures trente. En courant, je serais à l'hôpital dans dix minutes.

J'ai repoussé la grille de la maison et traversé la route en courant. J'ai longé toute la rue Salengro, tourné le coin sur l'avenue de Fontainebleau, franchi le passage piétons à une allure de kamikaze à l'entraînement. Ce n'est qu'à l'autre bout, sur le trottoir d'en face, que j'ai ralenti.

Bien obligé : un type me retenait par le bras gauche.

Bon, d'accord, je l'avais légèrement bousculé au passage, mais ça ne justifiait pas forcément une empoignade aussi ferme. Je me suis retourné sur lui, furieux, prêt à obtenir ma libération à coups de sac à main – une technique éprouvée dans les maisons de retraite. Quelque chose dans sa tenue vestimentaire m'en a dissuadé. Peut-être était-ce les galons à son épaule ? Ou le bleu ciel de son joli polo ?

– Contrôle d'identité, jeune homme. Vous avez vos papiers ?
– Pardon ?

L'homme en bleu a souri, ça a duré deux secondes et demie, puis il s'est remis à faire sa tête de Laszlo Carrédas, L'homme-qui-ne-rit-jamais[10].

– C'est votre sac, jeune homme ? a-t-il demandé en avisant d'un signe du menton l'objet en cuir rouge qui pendouillait à mon bras.

J'ai eu envie de lui demander s'il se baladait avec un sac à main, lui, et si sa grand-mère faisait du vélo. Mais quelque chose m'en a retenu – disons, cette fois, que c'était la matraque pendue à sa ceinture.

– Ben, non. C'est à ma grand-mère. Elle est à l'hôpital. Je vais lui apporter son sac...

---

10 Les aventures de Tintin, vol. 22 : *Vol 714 pour Sydney*.

... et un petit pot de beurre, me suis-je retenu d'ajouter. Mais ce n'était pas le moment de sortir des références littéraires.

Le policier (j'avais fini par déchiffrer le mot POLICE sur sa casquette, qu'il avait passée à sa ceinture) a de nouveau eu son petit sourire furtif, et il a resserré son étreinte sur mon bras. À ce stade de compression artérielle, on aurait pu me faire une prise de sang ou m'amputer à hauteur du coude gauche, je n'aurais rien senti.

Soudain, un appareil qu'il avait à la ceinture s'est mis à grésiller. Il s'en est saisi sans me lâcher, ce qui témoignait d'une coordination motrice exceptionnelle. Moi, j'étais en train de calculer mes chances de m'échapper, compte tenu de la vitesse du vent et de l'âge du capitaine.

Pas d'affolement : ce type avait l'air d'un professionnel. Il ne tarderait pas à se rendre compte que j'étais dans mon bon droit et qu'une mission autrement plus gratifiante l'attendait ailleurs, pleine de veuves et d'orphelins à défendre.

Mais quand le talkie-walkie s'est mis à cracholer l'adresse de la maison de Mamie, et quand mon policier s'est retourné pour faire signe à un collègue de l'autre côté de l'avenue, j'ai senti qu'un léger malentendu restait possible. Même entre professionnels.

– OK, bien reçu. J'ai appréhendé le suspect, là... T'as vérifié, pas de traces d'effraction ?

L'appareil a émis des couinements inquiétants, que le policier semblait parvenir à interpréter. Ce qui était tout à son honneur.

– Bon, bien reçu. On l'emmène au poste, là.

Avec horreur, j'ai vu rappliquer le clone de mon policier, qui avait parcouru le même chemin que moi, en un peu moins vite cependant (mais je ne me serais pas permis de le lui faire remarquer – rapport à la crosse de revolver qui dépassait de sa hanche).

– Alors, ces papiers, tu nous les montres ?

Le premier policier venait de passer du *vous* au *tu* comme si cette brève attente nous avait soudés dans une saine et franche camaraderie.

– Je ne les ai pas sur moi. Mais je porte le même nom que ma grand-mère, Mainard. Vous pouvez vérifier dans son sac, y a ses papiers. Et les miens, ils sont à la maison. Là-bas, ai-je indiqué en pointant du menton la rue appropriée.

– Son nom, il est sur la sonnette. Nous prends pas pour des truffes, s'il te plaît. Un témoin t'a vu escalader la façade pour t'introduire par la fenêtre.

L'image du type en costume gris sous l'arrêt de bus m'est apparue comme la Vierge à Lourdes. Il l'avait eue, sa minute de gloire, ce tordu ! Le crétin de salaud de fils de...

– Mais quel connard !

Avant que j'aie le temps de compléter mes propos, histoire de leur expliquer la monumentale méprise commise par cette enflure de vengeur masqué, je me suis senti traîné sur quelques centimètres. J'ai fini ma course contre un platane, senti mes bras ramenés en arrière, et j'ai entendu le cliquetis des menottes avant même de sentir leur contact froid sur mes poignets.

9

Je crois qu'en toute autre circonstance, je me serais réjoui de cette expérience.

Moi qui jouais au gendarme et au voleur dans la cour de maternelle, moi qui lis des romans policiers depuis ma plus tendre enfance, moi qui n'ai eu comme héros qu'Arsène Lupin et Sherlock Holmes, voilà qu'on m'arrêtait pour de vrai ! J'allais découvrir l'intimité d'un commissariat de quartier, comme dans *P.J.* (la série culte de feu papy Gérard) ! J'allais y entendre ronronner les machines à café, parler l'argot de la police comme dans *Vidocq*, grésiller les radios, gueuler les détenus placés en cellule de dégrisement ! Même pour Noël, j'aurais pas pu rêver mieux.

Mais pas maintenant, les gars. Pas maintenant... C'était sympa, mais franchement, ça tombait super mal, comme invitation.

Mes dernières paroles publiques n'ayant pas laissé un souvenir impérissable, j'ai préféré garder le silence jusqu'à l'arrivée au commissariat. Une voiture de police, garée sur l'avenue de Fontainebleau, semblait nous attendre.

Ce n'était qu'une question de minutes, me suis-je dit pour me rassurer. Dans très peu de temps, je serais au commissariat, et une fois cette ridicule affaire réglée, je retrouverais le chemin de l'hôpital. Au Kremlin, rien n'est bien loin, on a tout sous la main dans un mouchoir de poche, un peu comme dans *Sims City*.

Je profitai de mon silence pour faire un brin de toilette dans mes méninges. Voyons : comment établit-on la preuve de son identité, quand on n'a pas de carte du même nom ? Permis de conduire, carte d'assuré social, carte d'électeur : je n'avais rien de tout ça, ni sur moi ni ailleurs. Légalement, j'étais mineur.

Ah oui, c'est vrai, ça ! Un bon point pour moi.

– Je suis mineur, ai-je déclaré, du ton dont on dirait : *Je suis le fils de l'ambassadeur de Nouvelle-Guinée*, ou quelque chose d'approchant.

Mais mon escorte privée n'a pas bronché, se contentant d'un léger coup d'œil dans ma direction. Puis, celui qui marchait à ma droite a sorti son talkie-walkie et a appuyé sur un bouton. Il nous a laissés prendre de l'avance et s'est mis en retrait de quelques pas, comme si la conversation qu'il allait tenir était confidentielle. Malgré ses précautions, j'ai saisi quelques bribes qui semblaient résumer en langage codé la situation où, tous trois, nous nous trouvions. Le mot *mineur* a été cité au moins une fois, preuve que ce détail avait son importance.

Il nous a rattrapés d'un pas alerte, alors que nous atteignions la voiture de police.

– Tu as de la famille à contacter ? m'a-t-il demandé.

– J'ai ma grand-mère, mais je vous dis qu'elle est à l'hôpital...

– Il y tient, à son histoire de Mère-Grand, a ironisé le policier qui m'avait arrêté, et dont le masque mutique peinait à cacher la nature facétieuse. Et sur tes jambes, là, c'est pas du sang, peut-être ? Tu vas nous dire que c'est de la tarte aux fraises ?

J'ai baissé les yeux vers mon pantalon.

Mes genoux étaient maculés de taches rouges du plus mauvais effet. Mon jean étant passablement élimé, j'arborais un joli trou orné de ce qui semblait être un caillot de sang écrasé. J'avais l'air de m'être ouvert la cuisse sur des tessons de bouteilles.

— Mais… c'est des cerises, voyons ! me suis-je écrié.

Et j'ajoutais, pour plus d'authenticité : *des Montmorency*. Cette fois, mon policier espiègle a craqué. Ses épaules se sont secouées en rythme, pendant qu'il se marrait comme un petit fou.

— C'est ça, a fait le second, qui ne partageait pas son hilarité. Fous-toi bien de nous, toi !

— Bon alors, a dit l'autre en reprenant son sérieux. T'es seul au monde, t'as pas de parents ? Quelqu'un qui pourrait confirmer ton identité ?

J'ai réfléchi.

Depuis tout à l'heure, toutes mes tentatives pour dire la vérité passaient pour des inventions désespérées de voleur mythomane. À force, je me demandais si je ne ferais pas mieux d'inventer un bon gros bobard. Mais une caractéristique de mon esprit est d'être incapable de demi-tours. Quand je pars dans une direction, je ne sais pas aller autrement que tout droit.

— Mes parents sont en vacances, ils ont un portable mais on ne peut pas les joindre. Enfin, vous pouvez toujours essayer… Mais ils ne vont pas revenir dans cinq minutes avec mes papiers. Ils sont en Corse.

Un grommellement m'a répondu, qu'on ne pouvait pas interpréter comme franchement hostile. J'ai poursuivi, encouragé :

— Ma carte d'identité, elle est dans la maison de ma grand-mère, je vous le jure. Il suffit d'aller voir ensemble.

On m'a ouvert la portière de la voiture et poussé sur la banquette arrière. Je ne sais pas si vous avez déjà essayé de vous asseoir avec les mains attachées dans le dos : c'est une expérience assez pénible. On ballotte comme une poupée russe.
En tout cas, ma tirade n'avait eu aucun effet.
La voiture a démarré en trombe, s'est insérée dans la circulation en laissant derrière nous la rue Salengro. De toute évidence, nous n'allions pas chez Mamie. Les policiers, eux aussi, semblaient incapables de demi-tour.

Le trajet vers le commissariat m'aurait paru moins irritant si nous n'étions pas passés devant l'hôpital. Quand j'ai vu apparaître l'immense porte cochère de la cité Bicêtre, je me suis senti comme Perceval apercevant le Graal sans pouvoir l'atteindre.
– S'il vous plaît, vous ne pourriez pas vous arrêter ? Si on passait par les urgences, hein ? Comme ça, j'aurais des nouvelles et vous...
– Ta gueule.
J'ai jeté au chauffeur qui venait de lancer cette réplique un regard venimeux. Mais ça n'a pas semblé l'émouvoir, d'autant qu'il me tournait le dos. Il ne faisait pas partie du duo de choc qui m'avait arrêté et peut-être qu'il était déçu d'avoir raté *la* scène d'action de la journée. Sans compter qu'il devait s'impatienter, à son volant. Parce que, voiture de police ou pas, on commençait à stagner sérieusement : il était près de six heures, les voitures s'entassaient et des travaux rue du Général Leclerc ralentissaient la circulation.

Le policier n° 1, celui qui m'avait *appréhendé*, ne se forçait plus du tout à faire la gueule : il y arrivait très bien sans effort. Je voyais dans le rétroviseur sa mine effondrée. L'insistance de mon regard a fini par lui faire lever la tête vers le rétro, et j'ai croisé ses yeux.

J'ai aussitôt opté pour une tête de cocker spaniel. Je n'avais pas trop besoin de me forcer non plus, remarquez.

Je ne sais pas quelle réflexion est née sous sa casquette bleue, toujours est-il qu'il a baissé sa vitre, s'est penché pour ramasser à ses pieds la sirène de police aimantée qu'il a allumée et placée sur le toit de la voiture. Aussitôt, un frisson a secoué tout le monde : piétons effrayés sur le trottoir, automobilistes coincés derrière leur volant, et même nous quatre, dans l'habitacle, on ne peut pas dire qu'on n'a pas senti passer un certain souffle vital.

– Bon, Serge, tu prends à droite. Et t'es gentil, cette fois t'essayes d'éviter les barrières de sécurité.

À droite, c'était l'entrée de Bicêtre.

J'ai regardé le policier assis à côté de moi, incrédule. Mais il fixait la ligne bleue des Vosges d'un air impénétrable.

Nous sommes montés sur un trottoir, redescendus, on a slalomé entre les grilles qui protégeaient une zone en travaux et, finalement, pénétré dans l'enceinte de l'hôpital dont la barrière s'est ouverte devant nous par l'effet magique du macaron tricolore. Je tournais la tête comme une poule affolée, pour repérer sur les panneaux le mot *Urgences*.

– Si on prend tout droit vers les urgences, a commenté le type assis à ma gauche, on traverse tout l'hosto et on se retrouve rue Gabriel Péri en moins de deux, juste devant le commissariat.

Je l'ai regardé avec horreur.

Un raccourci.

Ils étaient entrés dans Bicêtre pour prendre un raccourci !

Cette fois, c'en était trop. On dépassait les bornes. Mon flegme britannique, entretenu par des années de fréquentation de sir Arthur Conan Doyle et de lady Agatha Christie, a commencé à fondre. Et là, au milieu du désastre, un fonds franchouillard à

la San Antonio est remonté des profondeurs comme un vieux rot, et je me suis mis à hurler :
— OK, les gars, maintenant on va arrêter de jouer à *Starsky et Hutch* et vous me déposez aux urgences. Je veux des nouvelles de ma grand-mère : si elle est encore vivante, elle vous dira qui je suis et vous aurez même le plaisir de lui remettre son sac en mains propres. Mais je vous préviens que si vous me foutez en garde à vue, ça va puer la bavure jusqu'à l'Élysée !
Un silence épais comme les crêpes de Mamie a suivi.
— Dis donc, morveux... a commencé le chauffeur sur un ton inquiétant.
— On va y aller, aux urgences. Et si tu nous a menés en bateau, tu vas passer un sale quart d'heure, a coupé Laszlo Carrédas.
Une bouffée d'espoir m'a envahi. Je me suis aperçu de nouveau dans le rétroviseur : les yeux exorbités et la crinière en bataille, cette fois j'avais l'air d'un caniche sous amphétamines.

La voiture s'est arrêtée près d'un bâtiment blanc plus récent que les autres, où tournait un ballet impressionnant d'ambulances. On m'a fait sortir, en me tirant par le bras (le droit, pour changer) et je suis entré dans le hall des urgences, toujours menotté. Un des policiers s'était emparé du sac à main de Mamie, qu'il portait avec précaution. Ça lui donnait un air un peu efféminé, mais ce n'était pas le moment de faire des réflexions.
Mon gardien s'est approché du bureau des admissions.
— Police, a-t-il clamé comme une formule magique le dispensant de dire bonsoir. Je voudrais des nouvelles d'une personne qui aurait été admise ici, il y a... combien de temps ?
Il s'est tourné vers moi.
— Il y a une heure, à peu près. C'est une dame de 75 ans, elle a fait un malaise, rue Maurice Berteaux. C'est moi qui ai appelé le 15...

Une dame en blouse blanche a tapoté sur le clavier de son ordinateur. Elle a levé le nez de son écran pour nous regarder, le policier et moi :

— Oui, une dame âgée a été admise il y a une heure, suite à un malaise rue Berteaux. Élisabeth Mainard, c'est bien ça ? Je vous appelle quelqu'un du service, il vous renseignera.

On s'est éloignés de quelques pas, pour laisser la place à d'autres personnes aux mines angoissées.

Devant moi, juste à hauteur de mes yeux, une affiche proclamait : *Une urgence ? Faites le 15. Votre appel peut sauver une vie.* Si je n'avais pas été menotté, j'aurais complété au stylo : « Et n'oubliez pas vos papiers. »

Un médecin est arrivé cinq minutes après, et s'est dirigé droit vers nous. Aussitôt, j'ai senti mes guiboles qui commençaient à se ramollir. Mon gardien avait cessé de me tenir et je me serais bien écroulé sur place sans un reste de dignité.

Curieusement, le médecin s'est adressé à moi, directement.

— Vous êtes le jeune homme qui a prévenu les secours ?

J'ai acquiescé, trop heureux de rencontrer quelqu'un qui me considérait autrement que comme le fils caché de Jacques Mesrine.

— Votre grand-mère a repris connaissance. Elle vous demande.

Mon genou droit s'est subitement liquéfié et l'autre a suivi, par solidarité.

Et voilà comment je me suis retrouvé à genoux devant le médecin, les bras dans le dos, sous les regards contrits de deux policiers (dont un avait les doigts crispés sur la poignée d'un sac à main rouge). On aurait dit un tableau du Caravage.

10

Ce fameux soir, mon escorte policière a quitté les urgences avec la satisfaction du devoir accompli.

Le centre d'appel du 15 les avait dûment renseignés : mon coup de fil avait été enregistré, j'y avais décliné mon identité et fourni le numéro de téléphone de chez Mamie. En recoupant cela avec les informations contenues dans son sac à main, l'ensemble était cohérent. On atteignait des sommets dans l'expertise policière. Derrick et Barnaby n'auraient pas fait mieux, même en s'y mettant à deux. Ils avaient passé au crible ses papiers d'identité, consulté son agenda (*mercredi : Connaissance du Monde ; jeudi : Maxime ; samedi : piscine*), remis sa carte vitale au secrétariat des urgences.

Après avoir tout remis en place, Laszlo Carrédas m'a rendu le sac, non sans un certain regret. Je pense qu'il s'y était attaché.

— On va vous laisser accompagner le médecin, m'a-t-il dit avec un geste évoquant un empereur romain qui épargne un esclave.

Je notais au passage qu'il était revenu au *vous*. C'en était fini de notre folle camaraderie.

– Vous tâcherez de passer demain au commissariat, avec vos papiers.

J'ai acquiescé, et finalement suivi l'interne qui trépignait en attendant qu'on finisse nos politesses.

En réanimation, j'ai passé dix minutes avec Mamie, vêtu d'une blouse de papier bleu, d'une charlotte et de surchaussures.

J'ai pu lui parler brièvement, en compagnie d'une infirmière qui surveillait une quantité d'appareils reliés à Mamie par tous les moyens possibles : électrodes, capteurs, sondes, perfusion.

À chaque fois qu'elle ouvrait la bouche, j'avais l'impression que tous les témoins allaient se mettre à clignoter et que l'électrocardiogramme entamerait le riff de *Seven Nation Army* : Po-popo-po-po[11].

Mais ses paroles étaient brèves, et plutôt hésitantes.

On aurait dit qu'elle me parlait dans un demi-sommeil, comme si elle était en train de regarder un *Derrick* particulièrement gratiné.

Elle m'a seulement dit qu'elle n'avait pas mal, qu'elle se sentait juste très fatiguée. Je lui ai demandé si elle se souvenait d'être tombée : elle m'a fait signe que non. Par contre, elle savait qu'il était tard dans l'après-midi et elle m'a dit :

– Tu sauras te faire à manger ce soir, hein ?

J'ai rigolé pour faire passer la boule qui se formait dans ma gorge.

Quand je l'ai quittée, en lui promettant de revenir le lendemain, elle a serré ma main dans la sienne – pas bien fort, mais si on comparait ce geste avec la main raide et froide que j'avais

---

[11] Chanson des White Stripes, reprise lors des matchs de l'Euro 2008, puis de façon spontanée et anarchique à n'importe quelle occasion festive par des gens qui n'y connaissent rien au rock.

tenue quelques heures plus tôt, il y avait de quoi être ému. Je ne l'aurais pas été davantage, en tout cas, si elle m'avait gratifié d'une grande claque dans le dos.

Alors que je quittais ma tenue de cosmonaute en papier dans une petite pièce, le médecin est venu me trouver.

Il m'a appris que Mamie avait fait ce qu'on appelle couramment « une crise cardiaque », plus techniquement un IDM, ou « infarctus du myocarde ». Une histoire d'artère coronaire qui se bouche subitement : le cœur pédale à vide un petit moment (d'où une douleur très forte à la poitrine) et peut s'arrêter de pédaler si l'artère n'est pas débouchée à temps. C'était probablement cette douleur qui avait causé sa chute, et la chute avait entraîné une perte de connaissance : à son arrivée à l'hôpital, les médecins avaient constaté plusieurs hématomes à l'épaule et aux bras, et un traumatisme crânien. L'artère était désormais débouchée (je n'ai pas demandé comment, j'imagine bien que ce n'était pas à l'aide d'un débouche-évier en caoutchouc), mais il convenait maintenant de surveiller à la fois le rythme cardiaque et les conséquences du traumatisme.

J'en ai profité pour lui poser la question qui m'inquiétait :
– J'ai trouvé qu'elle me parlait bizarrement. C'est à cause du traumatisme crânien ?
– Le choc a provoqué une commotion cérébrale... Votre grand-mère s'est réveillée spontanément dans l'ambulance. Une commotion est, en général, sans gravité. Mais il peut y avoir quelques troubles de la mémoire, dans les prochains temps, ou bien des modifications de l'humeur... Elle peut vous paraître un peu confuse, ou plus irritable que d'habitude.

À l'idée de retrouver Mamie transformée en pit-bull amnésique, j'ai dû faire une drôle de tête, car il a aussitôt ajouté :
– C'est tout à fait réversible. Ce qu'il faut surtout surveiller, ce sont les complications secondaires : hématome sous-dural,

œdème... Mais ça, c'est notre boulot : ne vous inquiétez pas, elle est entre de bonnes mains.

Là-dessus, le toubib m'a tendu la main en guise de bonsoir, avec un demi-sourire dans sa semi-barbe, un de ces sourires professionnels qui se veulent rassurants, mais dont le moins qu'on puisse dire est qu'ils n'exsudent pas la chaleur humaine. Disons qu'on était plus proche du Dr House que de Dany Boon.

J'ai quitté l'hôpital vers sept heures du soir.

Il faisait très doux. Des oiseaux chantaient dans les arbres comme ils ne le font qu'en été : une sorte de mélodie traînante faite de piaillements dans la brise du soir. Je me suis souvenu de la manière dont Mamie avait dit, la veille : *Il va encore faire beau.*

Demain aussi, ai-je pensé, il fera beau. Et les merles ricaneront dans le cerisier, et Hector se prendra des bûches en voulant les chasser, et elle, elle ne verra rien de tout ça.

Une main imaginaire est venue se poser sur ma gorge, comme quelques heures auparavant, alors que j'étais agenouillé devant elle dans le cellier. Je me suis forcé à soupirer bruyamment et j'ai trouvé que ça me faisait beaucoup de bien.

À ce moment-là, j'aurais bien aimé avoir ma mère à côté de moi, pour marcher dans l'air du soir parmi les platanes de l'hôpital.

J'ai consulté mon téléphone portable : aucun message de mes parents. Sans trop y croire, j'ai appelé le numéro de ma mère. La messagerie automatique s'est mise en route aussitôt. J'avais beau m'y attendre, je ne m'étais pas préparé au discours que j'allais tenir. Dans combien de temps pourraient-ils écouter le message que je leur laisserais ? Si jamais ils l'écoutaient mais ne pouvaient pas me rappeler, il y aurait de quoi leur gâcher la rando une fois pour toutes.

J'ai raccroché sans laisser de message.

Après tout, Mamie était entre de bonnes mains, comme venait de me le dire Dr House. Quant à moi, j'étais livré à moi-même, ce qui ne me semblait pas particulièrement inquiétant.

Machinalement, j'ai repris le chemin que nous avions fait en voiture avec mon escorte privée, alors que – mais j'allais le découvrir dès le lendemain – il existait un moyen bien plus rapide de sortir de la cité Bicêtre. Car on l'appelle comme ça : la cité. C'est une petite ville close d'une enceinte de pierre, avec ses pelouses, ses platanes, ses rues, ses places de stationnement, ses habitants... Quand j'ai franchi la porte cochère et que je me suis retrouvé dans la rue du Général Leclerc, j'ai eu l'impression de regagner le monde connu après un voyage dans l'espace.

Mais hélas, il suffisait de penser à la maison que j'allais retrouver vide pour comprendre que je n'avais ni fait un rêve ni vu un film.

C'était la réalité, et j'étais coincé dedans.

J'ai retrouvé Hector, toujours effondré sur le canapé du salon, et qui n'avait l'air heureux de me revoir que parce que sa gamelle était vide et qu'il pensait que j'allais la lui remplir.

Dans la cuisine, où flottait toujours une odeur épouvantable, j'ai rempli d'eau froide la bassine de cuivre, histoire de faire fondre l'espèce de plaque de goudron qui en tapissait le fond. J'ai nourri le chat (ce qui semblait être la seule chose à faire pour s'en débarrasser), avant de me nourrir moi-même d'un paquet de chips et d'une grande quantité de fromage. Repas qui m'a paru de prime abord assez équilibré.

Évidemment, il aurait été préférable de ne pas boire un litre de soda là-dessus... Surtout du soda zéro calorie au sucre de synthèse qui attaque les voies digestives au bout du troisième verre (quatrième verre : anesthésie du foie ; cinquième : mort subite du nourrisson). Je suis remonté dans ma chambre en me promettant de faire un effort le lendemain pour me préparer un repas complet répondant aux lois sacrées de la diététique.

Ou, à défaut, d'aller chez le vendeur de pizzas qui fait le coin entre la rue Berteaux et la nationale.

Ça ne pouvait pas être pire que des chips à l'aspartame.

11

Le lendemain matin, je me suis réveillé en sueur.

Si, pendant la nuit, on m'avait branché le même genre d'électrodes qu'à Mamie, le tracé de mon rythme cardiaque aurait certainement contribué à animer leurs écrans monotones.

Dans mon rêve, on était en train de m'opérer à cœur ouvert sans anesthésie (fantaisie à laquelle j'avais donné mon accord, paraît-il) pour trouver dans ma cage thoracique une savonnette rose et *deux* muscles cardiaques. *Un pour moi, un pour Mamie.* Le prothésiste dentaire, assis à mes côtés et qui se faisait les ongles avec une paille, me faisait observer incidemment que c'était un joli cadeau pour la fête des mères. Pour détendre l'atmosphère, le commissaire Maigret nous racontait des blagues de blondes. Mais nous étions tous gênés dans notre opération conceptuelle par le bruit d'un marteau-piqueur venant de la salle d'opération, qu'on agrandissait pour permettre la construction d'un garage (avec une rampe extérieure en hélice, comme dans les jouets pour enfants).

Je ne sais pas ce qui m'avait pris, avant de me coucher, de regarder *Fight Club* sur l'ordinateur. J'aurais sûrement pu trouver mieux pour me détendre. D'autant qu'à mon réveil, la chanson du générique de fin résonnait encore dans mon crâne, exactement comme si je m'étais couché en oubliant d'éteindre la touche *repeat* dans mes oreilles. La seule façon de me débarrasser de la chanson des Pixies était encore de l'écouter. Je me suis donc levé, j'ai tâtonné jusqu'à mon ordinateur et farfouillé dans ma discothèque virtuelle pour trouver la fameuse chanson : *Where is my mind ?*, « Où est mon esprit ? » – excellente question. Sans la creuser davantage, j'ai mis le son à fond.

Après cet exploit matinal, vol plané jusqu'au matelas, dérapage contrôlé à l'atterrissage sur les draps. J'ai enfoncé la tête dans l'oreiller, dans l'idée de dormir encore un tout petit peu, avant que les problèmes de la journée d'hier ne viennent m'assaillir.

Mais de toute la puissance de ses guitares, le dieu Rock a brutalement pris possession de mon être.

J'ai senti mon cœur battre à toute blinde et mon corps s'est redressé, comme si l'on me tirait par la peau du dos. Et crac ! Debout sur le lit, petits sauts sur le matelas, magnifique solo d'*air guitar* ! Mais ça ne me suffisait pas. J'ai sauté du lit, fait valdinguer la porte de l'armoire, fouillé dans le bric-à-brac dont j'ai extrait, derrière un duvet, ma chère Fender Telecaster. Toute blanche, traces de cambouis et rayures d'époque.

Modèle 1986. L'année de la formation des Pixies. La guitare de mon père. Une sainte relique, quoi.

J'ai sorti l'ampli et, après quelques branchements, j'étais de retour sur le lit, debout, pour tenter pour la millionième fois le riff de *My Proppeller*[12].

Ça sonnait faux, comme d'hab. Pour ma défense, il faut préciser que c'est un riff de basse, pas évident à restituer sur une

---

12 Chanson du groupe Arctic Monkeys.

guitare. En tout cas, on ne pouvait pas dire que je n'y mettais pas d'énergie. Mon prof de guitare m'avait prévenu : en jouant si mal et si fort, je ne serais jamais soliste dans un bon groupe de rock. Heureusement pour mon ego, mon père m'a appris depuis qu'il existait un genre musical qui se fout éperdument des notes.[1]

« Si le *punk* existe, a-t-il déclaré solennellement, c'est à cause de types comme toi. »

Je n'ai jamais su s'il fallait le prendre comme un compliment...

Avec tout ça, ma matinée avait pris un tour inattendu.

Plus question de noyer mon chagrin dans le sommeil jusqu'à midi avant de me traîner lamentablement à Bicêtre. *No future*, c'est une devise punk qui m'allait comme un gant. Ça convenait très bien aussi à mon jean troué plein de taches de cerises... Mais il me rappelait trop mes déboires avec les keufs du Kremlin : je ne pouvais pas me résoudre à l'enfiler. Je l'ai déposé pieusement aux pieds de la machine à laver, comme je le fais toujours, espérant vaguement qu'il serait lavé et repassé à mon retour. En temps normal, ça marche.

Histoire de ne pas aller voir Mamie en slip, j'ai dû me rabattre sur une sorte de short beige à poches beaucoup trop grand pour moi, trouvé dans le placard de ma chambre. Sans doute un bermuda de mon père, qui avait dû acheter ça au Vieux Campeur.

Question *dress code*, j'étais mal barré pour le punk.

En me contemplant debout devant le miroir de l'armoire, j'ai eu comme un coup de stress. Avec mon T-shirt noir à l'effigie d'Homer Simpson mangeant un *donut*, les cheveux emmêlés dressés sur ma tête comme un rasta, mes baskets pourries et mon bermuda de randonneur, on aurait dit un Playmobil fabriqué avec des pièces de rechange.

– Allons, Maxime Mainard, je vous trouve bien pessimiste ! ai-je lancé à mon reflet, essayant de reproduire la voix nasillarde de mon prof d'éco, qui n'a jamais pu m'encaisser.

Pour ne pas perdre l'élan que m'avait donné la chanson des Pixies, j'ai décidé de me concocter une compilation qui devrait me servir à traverser la journée. Un peu de *fighting spirit* à doses régulières, ça pourrait se révéler utile si une nouvelle catastrophe me tombait sur le nez, ce qui n'aurait pu me surprendre.

Je suis donc revenu vers l'ordi pour préparer ma compil. J'ai répondu aussi à quelques e-mails arrivés la veille, dont trois d'Alexandra et deux de Kévin. Alex a eu droit au récit de la crise cardiaque de Mamie. Je savais qu'elle apprécierait, surtout la description du Dr House. Elle fantasme sur les blouses blanches, avec une préférence tout de même pour les médecins légistes, profession presque aussi sexy à ses yeux que serial-killer (son idéal absolu étant quelqu'un qui serait les deux, comme Dexter dans la série du même nom). J'ai réservé à Kévin ma course-poursuite policière dans les rues du Kremlin, réarrangée façon *New York Section criminelle*. À quoi bon vivre des trucs trépidants si on ne peut pas se faire mousser un peu auprès des copains ?

Pendant que je cliquais frénétiquement sur les morceaux à transférer dans mon MP4, j'examinai le profil de deux inconnus qui venaient de m'envoyer des invitations sur SpaceBook®.

Il y avait là une créature improbable nommée Pika Schuman, dont l'avatar n'était autre que le Pokémon le plus célèbre : Pikachu. Une honte que j'aurais éliminée aussitôt si la liste de ses propres amis n'avait pas été aussi impressionnante. Des amis de tous les pays, de tous les âges, de tous les sexes. Je me suis demandé comment l'idée lui était venue de m'envoyer une invitation, et j'ai regardé si nous partagions des goûts communs. À part Sherlock Holmes, je n'ai rien trouvé de pertinent. Mais depuis la sortie du film avec Robert Downey Jr., tout le monde était plus ou moins fan de Sherlock. Ça valait tout de même le coup de tester : peut-être étais-je tombé sur un membre éminent de la SSHF – la Société Sherlock Holmes France, association à but non lucratif dont la mission principale est de défendre et faire connaître l'œuvre du Maître[13]. Si tel était le cas, l'énigmatique Pika saurait sans doute reconnaître mon pseudonyme et comprendre les allusions à Arthur Conan Doyle dans ma réponse.

Dans le cas contraire, j'effacerais impitoyablement son profil de Pokémon de ma liste d'amis virtuels. Non mais sans blague !

Restait une certaine Sarah66, au profil intéressant... sur la photo. Dotée de moins d'amis que Pika, elle disait vivre à Philadelphie, Pennsylvanie, USA (j'aurais préféré Londres, mais personne n'est parfait), et recherchait des correspondants français. Considérant qu'avoir une amie virtuelle rousse, sexy et américaine ne pouvait pas nuire à ma réputation, j'ai accepté aussi, sans plus de formalités.

Avec tout ça, j'avais fini ma compilation, et mon lecteur numérique, chargé à bloc, en clignotait de joie.

Pour simplifier mes déplacements vers Bicêtre, qui était appelé à devenir mon nouveau club de vacances, j'ai décidé de retrouver mon vieux vélo trois vitesses, dont je ne m'étais pas servi depuis le collège. Quelques coups de pompe à vélo plus tard, j'étais prêt. J'avais même le temps de manger avant de partir... hélas ! J'ai englouti deux yaourts et terminé une terrine de sanglier d'Auvergne (garanti pur porc), qui aurait sans doute révélé un peu mieux ses arômes subtils de gland de chêne si seulement j'avais eu du pain pour la tartiner... Pour *Un dîner presque parfait*, je repasserais.

---

13 Plus d'infos sur http://www.sshf.com/

À 13 heures, j'ai décidé d'affronter le vaste monde.

Avant de claquer la porte, j'ai vérifié que j'avais tout : mes clés, mon portefeuille, mon portable. Une pompe à vélo. Et un vélo. J'avais le désagréable sentiment d'oublier quelque chose... Hormis un repas déshydraté en sachet et une couverture de survie, je voyais mal ce qu'on aurait pu ajouter.

Lorsque je suis arrivé au bout de la rue Salengro, remarquant que le ciel était devenu noir, j'ai ajouté mentalement un dernier item... Mais il était trop tard.

Quand un orage éclate, qu'on fasse deux cents mètres ou deux kilomètres ne change plus grand-chose... J'ai continué à pédaler, observant mon bermuda multipoche passer du beige au marron foncé sous l'effet de la pluie. Dès que je prenais de la vitesse dans les descentes, mon T-shirt se plaquait sur mon torse comme de la cellophane. Quand j'ai franchi la porte cochère de l'hôpital, moulé dans mes vêtements trempés, j'étais presque étonné. Avec le bol que j'avais, c'était curieux que la foudre ne m'ait pas frappé.

À l'intérieur de la cité, j'ai continué à pédaler en zigzaguant entre les voitures garées et des piétons qui se hâtaient de rejoindre les bâtiments, abrités sous des journaux dépliés. J'ai frôlé quelques infirmiers à la blouse relevée par-dessus tête qui semblaient se poursuivre en jouant les fantômes. Ça m'a fait marrer.

J'ai monté le son de mon baladeur.

Grâce au fameux effet propulseur du tube *Dare*, de Gorillaz, je décuplais mon énergie. À mon sens, c'est le seul moyen connu de se mettre en danseuse sans se sentir ridicule. On peut même se permettre quelques fantaisies : roues arrière, slalom... En revanche, ça ne m'a pas permis d'entendre l'ambulance qui arrivait derrière moi au moment où j'enchaînais quelques virages du plus bel effet.

Je me suis retrouvé propulsé contre une voiture en stationnement, le rétroviseur du véhicule coincé dans le guidon.

L'ambulance m'a dépassé. À son bord, un type en blouse blanche s'est mis à crier quelque chose d'incompréhensible. Je lui ai adressé un geste rassurant, pour lui dire qu'il y avait eu plus de peur que de mal. Mais lorsque j'ai éteint le son de mon baladeur, et avant que l'ambulance ne s'éloigne, j'ai eu le temps d'entendre un mot qui finissait par -*nard*.

Sympa.

Puisque la cité Bicêtre est un lieu si peu sûr, j'ai cadenassé mon vélo à une barrière derrière le bâtiment des urgences. On n'est jamais trop prudent.

Le guichet des admissions n'était plus occupé par la même personne. C'était une jeune, une brune plutôt pas mal, d'un âge décent, avec un piercing sur l'arcade sourcilière. Ça m'a un peu étonné. Reprenant mes esprits, j'ai demandé à voir Mamie, décliné mon identité. La secrétaire a relevé la tête de son ordinateur, m'a adressé un joli sourire que j'ai réussi à intercepter à travers la barrière de cheveux mouillés plaqués sur mon visage, avant de m'asséner :

– Désolée, elle n'est plus aux urgences.

Ça y est.

On avait volé Mamie.

12

La fille continuait de sourire, les yeux fixés sur Homer Simpson plaqué contre ma poitrine.

Il est vrai que si j'avais eu un profil plus avantageux, j'aurais pu participer à un concours de Mister T-shirt mouillé. Mais mes abdominaux moulés par le coton ne dessinaient nullement des tablettes de chocolat. Ou alors, tendance Nutella. Et au-dessus, deux tétons frigorifiés, comme deux boutons de sonnette, dont un qui pointait bêtement au milieu du *donut*.

Mais si je prolongeais tout le mois d'août mon régime chips au vinaigre + vélo sous la pluie, tous les espoirs m'étaient permis.

– Madame Mainard, votre grand-mère... a commencé la réceptionniste. Euh, c'est bien votre grand-mère ?

J'ai failli lui répondre : *Non, c'est ma fille*, mais je me suis dit que ça retarderait les explications.

– Votre grand-mère a été transférée en réanimation polyvalente.

– Euh... Et c'est où ?

— C'est le même bâtiment, mais il y a un autre accès, je vais vous expliquer...

Elle a sorti de son bureau une feuille sur laquelle était imprimé un plan de la cité hospitalière. Les secteurs étaient représentés par des couleurs différentes, le tout relié par des routes grises : c'était beau comme un schéma électrique. Elle a pointé l'endroit où nous étions et entouré le secteur concerné, d'un joli vert pomme.

— Ici, c'est les urgences. Là, c'est la réa. Vous pouvez prendre cette sortie, à gauche...

Et elle a fait un geste vague pour m'indiquer la direction. J'ai pris le plan, remercié poliment, puis je me suis éloigné de quelques pas tout en me demandant ce qui émettait des sons aussi disgracieux quand je marchais. On aurait dit quelqu'un qui imitait des bruits de pets en mettant sa main sous le bras (Kévin fait ça très bien).

Je me suis arrêté.

— Ça ne me regarde pas, mais je crois que vous devriez vous sécher, a dit la réceptionniste par-derrière son bureau. Vous pouvez utiliser les toilettes, il y a un séchoir.

Je ne sais pas si c'est moi qui ai l'amour-propre chatouilleux, mais je trouvais que ça avait quelque chose d'un peu humiliant de s'entendre dire par une jolie fille qu'on ferait bien d'aller aux waters parce qu'on a des baskets qui font *pouêt*.

Toujours est-il que j'ai ignoré provisoirement son conseil, préférant poursuivre ma traversée du hall, digne comme un prince du pétrole, prêt à me sécher aux W.-C. du service de réanimation dès que je l'aurais trouvé.

Ce qui risquait de prendre des heures, étant donné mon aptitude à lire un plan. Je suis sorti des urgences. Un bref détour par le parking, le temps de constater que mon vélo n'avait pas changé de place, et voilà : j'étais perdu. Feu papy Gérard me l'avait bien dit : « T'es comme les poules, on te fait tourner deux fois sur toi-même et tu ne sais plus où t'habites. » J'ai repris le plan. En me concentrant à fond, j'ai réussi à distinguer l'avant des urgences de son arrière : on progressait.

Au bout de cinq minutes, j'ai bouclé le tour du bâtiment vert (du moins était-il vert sur le plan) et j'ai fini par trouver la bonne entrée.

En réanimation, l'ambiance est un peu moins fun qu'aux urgences. Ça n'est pas pour critiquer, mais il manque une petite étincelle, un je-ne-sais-quoi de festif. J'ai croisé quelques familles aux mines déprimées qui s'en allaient, aperçu un long couloir en enfilade traversé par une silhouette fantomatique en peignoir rose. Si j'étais le chargé de comm' du service, je ferais placarder de grandes affiches sobres et élégantes du style : *Nous déprimons les gens, et nous le faisons bien* ou encore : *La mort est notre métier.*

Avant d'approcher du bureau d'accueil, j'ai préféré aller me sécher. Leur personnel n'était peut-être pas préparé à affronter la décalcomanie d'Homer Simpson.

Dans les W.-C., j'ai retiré mon T-shirt pour le poser sur un radiateur en attendant que je m'éponge à grands coups de papier toilette. J'aurais bien fait la même chose avec le bermuda, mais l'idée de me retrouver en slip, momifié dans du papier rose, ne me paraissait pas excellente. Quand il m'a semblé que je dégoulinais moins, j'ai mis la tête sous le séchoir électrique. La chaleur sur mes épaules et dans mon dos m'a fait tellement de bien que j'ai oublié l'espace d'un instant ce que j'étais venu faire là.

Je me suis demandé très sérieusement s'il y avait rien de meilleur que la satisfaction de ses besoins naturels. Dormir quand on est fatigué, manger quand on a faim, boire quand on a soif, se réchauffer quand on a froid... (et deux ou trois choses encore, que la décence m'empêche d'énumérer). Et puis je me suis dit qu'avec des pensées aussi spirituellement élevées, j'étais très mal barré pour aborder la philo l'an prochain en terminale. Mais que j'étais peut-être en train de mettre le doigt sur un principe économique de première importance. Tiens, ça faisait longtemps que je n'avais plus pensé à l'éco...

Je me suis souvenu aussi que j'avais toujours ricané en entendant les personnes d'un certain âge se souhaiter mutuellement bonne santé, « parce que c'est le plus important »... Combien de fois Mamie m'avait fait sourire avec ça ! Ah, les vieux et leur santé ! Mais au fond, en quoi étais-je différent d'eux ? En quoi étais-je différent du chat Hector, pour qui le summum de l'existence, c'était dormir, faire pipi-caca et manger ? Et s'ils avaient raison, les vieux et les chats ? Si tout ce qui comptait, pour s'estimer heureux, c'était de se sentir vivant ?

J'ai abandonné mon vertige existentiel quand j'ai constaté que j'avais fait plus que me sécher les cheveux...

Je m'étais carrément fait la coupe des Jackson Five.

J'ai récupéré mon T-shirt sur le radiateur et, avant de l'enfiler, je l'ai passé sous le courant chaud. Trop délire ! Ça se gonflait comme une manche à air sur un terrain d'aviation ! En croisant ma tête dans le miroir des toilettes, je me suis mis à rire. J'ai ressorti mon MP4 de la poche du bermuda, pour voir s'il n'avait pas pris l'eau. Je l'ai allumé. J'ai cherché ce qui convenait le mieux au moment : *Dead Disco*, de Metric, semblait un choix judicieux.

Quand la musique est assez puissante, on ne sait même pas vraiment qu'on danse. Disons que ça vient tout seul.

Comme ce matin sur le lit, je me suis mis à bondir, avec mes baskets élastiques dont je n'entendais même plus le bruit, les jambes agitées, les épaules électriques, dans une sorte de ballet rythmé par de petits coups de poing sur le bouton du séchoir sous lequel je faisais voler la tête de ce bon vieil Homer.

Décidément, il suffisait d'un rien pour faire de cette journée merdique la journée la plus *punk* de mon existence.

Soudain, j'ai senti un courant d'air frais venant de la porte. Je me suis retourné. Tout ce que j'ai vu, c'est une tête d'homme aux yeux écarquillés, avec une bouche qui formait un O parfait.

Et puis la porte s'est refermée. Sans bruit. J'ai enfilé mon T-shirt chaud, passé mes mains dans mes cheveux et éteint le baladeur.

– Un peu de tenue, Maxime Mainard ! Vous êtes dans un hôpital ! a dit la voix de mon prof d'éco à mon reflet dans le miroir.

Un quart d'heure plus tard, j'étais admis dans une chambre verdâtre, avec une baie vitrée à moitié plastifiée qui donne sur le néant, une salle de bains immense dans laquelle tu peux entrer avec un side-car sans manœuvrer, et munie de deux lits bien garnis. Avec, à ma droite : Suzanne B., 62 ans, angine de poitrine, 8 combats, 7 victoires. À ma gauche : mamie Lisette, IDM. Surentraînée, redoutable. Qui ouvre les yeux au moment où j'arrive pour me déclarer dans un soupir d'apprentie mourante :

– Maxime, il faut faire quelque chose pour tes cheveux, c'est une catastrophe.

Apparemment, son cerveau ne semblait pas gravement atteint. D'autant qu'au bout de neuf secondes de présence, elle m'a asséné :

– Dis donc, j'ai pensé aux cerises toute la nuit. Ce serait dommage de les laisser perdre. Je vais t'expliquer, pour l'eau-de-vie...

13

Chers parents,
Mon stage de survie en milieu hostile se passe bien, merci. J'espère que vous êtes pas trop morts, rapport aux frais de rapatriement qui doivent coûter bonbon depuis la Corse. Sinon, moi ça va, j'ai mangé Hector mais pas tout d'un coup, j'en ai congelé un bout pour le mois prochain. Heureusement que j'ai l'eau-de-vie de Mamie, ça m'aide à tenir. Si jamais vous ne reveniez pas, ce serait sympa de m'envoyer un mandat parce que la prostitution masculine, ça marche pas trop dans le quartier. Bon, ben je vous laisse, c'est l'heure de ma piqûre d'héroïne.
Gros bisous,
Votre fils bien-aimé, Maxime.

Comme tous les matins, je fais ma correspondance. Imaginaire, évidemment. Je ne la poste pas. Ce qui ne m'empêche pas de l'écrire, sur des Post-it que je colle sur le frigo. Ça me détend.

Je crois pouvoir dire que j'ai franchi un cap décisif dans ma gestion de la crise.

À l'hôpital, on me connaît et plus personne ne tente de m'écraser en ambulance dans les allées. Ma position de petit-fils dévoué me vaut le sourire des aides-soignantes, ce qui n'est pas désagréable. Chaque jour, j'ai droit à mon petit compte-rendu médical. En attendant d'être transférée dans un service approprié (probablement en cardio), Mamie prolonge son stage en réa. Je commence à connaître les lieux, à m'approprier les codes. C'est cool.

Les premiers jours, je les ai passés à jouer les commissionnaires. J'ai apporté à Mamie une quantité de choses. Une trousse de toilette et des chemises de nuit, dans un premier temps. Puis son carnet d'adresses, pour qu'elle puisse occuper ses longues matinées en appelant ses copines du troisième âge. Son livre de chevet, des mots fléchés avec un crayon et une gomme. Ses lunettes pour lire.

Tout cela m'a amené à visiter sa chambre à coucher plus que de raison… En une quinzaine d'années de vacances assidues, je crois que je n'ai mis les pieds dans sa chambre à coucher qu'une fois, et encore, je devais avoir deux ans et une bonne excuse, genre pipi au lit. On dira ce qu'on voudra, mais une chambre de Mamie, c'est inviolable… et ça devrait le rester. En y entrant, j'ai eu un frisson, comme si je découvrais l'antre de la mère de Norman Bates dans *Psychose*. Mais sur la coiffeuse, pas de perruque grise.

Simplement un paquet de cigarettes rouge et blanc et son étiquette « Fumer tue ».

Incrédibeule beute trou, comme aurait dit Kévin.

Mamie fumeuse ! Elle qui faisait la guerre à Papy dès qu'il allumait une clope ! Elle qui, paraît-il, reniflait les vêtements de mon père quand il rentrait de boîte pour savoir s'il avait fumé ! Voilà qu'elle s'y était mise, elle aussi ? Cette histoire d'infarctus, finalement, ça se tenait. Fumeuse passive pendant trente ans, Mamie avait dû compenser le manque de nicotine, après le décès de Papy, par des formes plus actives. Je lui en ai voulu aussitôt, comme si elle m'avait fait un sale coup derrière mon dos.

D'un geste vengeur, j'ai fait main basse sur le paquet de cigarettes qui a terminé sa vie de nuisible dans la poubelle.

Malgré tout, j'ai hésité à lui en parler. Pas la peine de jouer les pères la morale. Quand on est resté un quart d'heure aux côtés d'une personne qui risquait de crever avant l'arrivée des secours, on n'a pas envie de lui faire un procès. Ça rend indulgent. Essayez, vous verrez : tous ceux qui vous gonflent, imaginez-les mourant. Ça calme.

Vu qu'elle avait l'air de tenir à son histoire de cerises, je me suis résolu à m'y mettre. Des fois que ce seraient ses dernières volontés... Ça s'est passé un soir, trois jours après son infarctus.

La chaleur de la journée était un peu retombée.

Je venais de flamber un billet de dix euros à la pizzeria du coin, m'enfilant une quatre-fromages écœurante à souhait en sortant de l'hôpital. Pour digérer, j'avais passé quelques heures sur SpaceBook® en compagnie de Sarah66. Après notre échange, il est apparu qu'elle n'appréciait ni mon humour ni mon anti-américanisme primaire (je cite). Évidemment, quand votre seule vision des États-Unis vous vient des Simpson et des films de Michael Moore, vous passez vite pour un crétin sarcastique et moralisateur... Bref.

Je suis redescendu à la cuisine où il faisait plus frais et où Hector m'attendait, assis sur une chaise en train de se lécher des endroits difficiles d'accès. J'avais dans mes écouteurs de quoi passer un agréable moment. J'en étais à ma deuxième interprétation de *On n'est pas là pour se faire engueuler*[14], lorsque j'ai enfin

---

14 Par Boris Vian. C'est vieux, mais c'est bien.

terminé de recouper les queues de trois kilos de Montmorency. Très importante, la coupe de la queue : ni trop courte ni trop longue, avait dit Mamie. Tout un art.

C'est après, que les choses se sont gâtées.

J'étais censé préparer un sirop, mais je m'étais bien gardé de révéler à l'ancêtre l'état de sa bassine à confiture. Définitivement métamorphosée par le caramel brûlé, elle servait désormais de poubelle de table décorative pour mes sachets de chips vides. J'ai donc décidé de répartir la cuisson du sucre dans trois casseroles de tailles différentes, entreprise périlleuse nécessitant de savants calculs de proportions (et les mathématiques, c'est pas ma matière préférée, comme j'ai déjà eu l'honneur de vous le dire).

Considérant qu'un seul incendie d'hydrocarbones par mois était suffisant à combler mon besoin d'aventure, je surveillais la cuisson du sirop comme si ma vie en dépendait.

Une fois transformé en pâte jaunâtre, il ne me restait qu'à y adjoindre une bonne rasade de pineau des Charentes. Sans être coincé du goulot, je n'irai pas jusqu'à dire que je suis spécialiste en alcools. Le choix du pineau des Charentes a donc été assez difficile. Mamie m'avait conseillé « un vin cuit assez doux » et j'avais opiné d'un air entendu, principalement parce que Suzanne B., sa codétenue, me regardait d'un œil dubitatif. J'ai donc passé un début de soirée instructif devant le meuble bar de Mamie, bien décidé à me familiariser avec la notion de *vin cuit*.

Ce n'est qu'après avoir frôlé le coma éthylique que je me suis décidé à consulter internet. (Si j'avais commencé par là, je me serais évité un gros mal de cheveux le lendemain, mais je serais passé à côté de quelques découvertes.)

Lorsque le pineau est devenu très intime avec le sucre, il ne restait qu'à lui ajouter l'eau-de-vie, à raison d'un litre par kilo de fruits[15]. Mamie avait en réserve quatre bouteilles d'alcool blanc à 45°, dans le cellier. J'ai débouché, mesuré, versé, touillé, chauffé.

Je trouvais que ça commençait à sentir bon. Très bon, même.

Puis un doute m'a assailli.

Fallait-il vraiment faire chauffer l'alcool ? J'avais noté la recette de Mamie dans un coin de ma tête, spécialement réservé aux trucs sans importance (zone Z, lobe occipital). Impossible de remettre la main dessus. D'autant que les vapeurs qui montaient des trois casseroles, et que je respirais allègrement, ne contribuaient pas à clarifier mon raisonnement.

Voyons, me disais-je. Voyons voir. Est-ce que l'alcool se transforme en vapeur ? Si oui, qu'est-ce qui reste dans la casserole ? Du sucre ? On se serait cru au début de l'émission *C'est pas sorcier*, vous savez, avec le mec qui fait des expériences dans un camion qui sillonne les routes sous la pluie, tout en causant dans le poste à un autre mec encore plus barré que lui[16].

En réunissant mes forces vives, mon cerveau a réussi à donner l'ordre à mes mains de s'avancer vers le bouton du gaz et de le tourner sur zéro.

La joyeuse ébullition de l'alcool a cessé. Mon nez s'est légèrement dégonflé, mais continuait à picoter bizarrement.

En attendant que le mélange refroidisse (et mon nez aussi), j'ai écouté un nouveau titre sur ma compil. C'était *Papa was a rolling stone*, des Temptations. Un vieux tube labellisé Motown, un truc disco-jazzy délicieusement interminable qui me fait complètement délirer. Pendant les huit minutes que durait la chanson, je me suis mis à onduler dans la cuisine avec des jambes en caoutchouc et des mouvements du bassin qui me faisaient passer pour

---
15 Soit trois kilos. Oui, c'est bien, je vois qu'il y a des matheux parmi vous.
16 Conduite à ne pas reproduire chez vous.

le fils naturel de Michaël Jackson et James Brown (ne demandez pas comment deux hommes peuvent avoir un enfant : Michaël Jackson était un miracle de la science). J'avais saisi la cuillère en bois de la confiture pour chanter *Wherever he laid his hat was his home*, et je prenais une voix suraiguë pour le chorus féminin : *And when he died...* tout en frappant dans mes mains en rythme. Je me sentais noir jusqu'au fin fond de l'âme.

Hector, présent depuis un bon moment à mes côtés dans la cuisine, avait élu domicile sur une chaise. Je m'avisai soudain qu'il avait une pose tout à fait stupide : vautré sur une chaise, le ventre à l'air, la tête renversée dans le vide et les pattes toutes molles.

Jusqu'à ce soir mémorable, j'ignorais que les chats pouvaient se prendre une biture à la vapeur d'alcool.

Vers minuit, j'ai décidé de mettre les cerises et leur alcool (ou ce qu'il en restait…) dans les bocaux que Mamie avait préparés au cellier (ce qui avait sans doute été sa dernière activité consciente avant l'embouteillage sur son artère coronaire). Elle avait même laissé à côté une planche d'étiquettes scolaires, datant sans doute de la fin de sa carrière. Avec un feutre, j'ai écrit dessus, de ce qui me semblait être une calligraphie soignée, « Cerises à l'eau-de-vie, Kremlin 2010 ».

Le lendemain, tel un moderne Champollion, j'ai découvert sur les bocaux alignés à la cuisine, une série de hiéroglyphes griffonnés sur des étiquettes collées à l'envers...

14

Dans les jours qui ont suivi, j'ai rangé les bocaux au cellier et pris la résolution de ne plus m'approcher du meuble bar du salon. Hector, qui entre-temps s'était inscrit aux Alcooliques anonymes, respectait mon choix.

J'ai été, de toute manière, trop absorbé pour explorer le terrain glissant de l'éthylisme.

Mamie a été transférée en cardiologie, service des soins intensifs. Dans son immense bonté, l'administration hospitalière a concentré tout ça dans le même bâtiment, m'épargnant de fastidieuses explorations à la boussole dans la cité Bicêtre (et une errance sans fin dans le parc qui borde la pédiatrie, où l'on m'aurait retrouvé inanimé, serrant dans mes mains décharnées un plan aux couleurs fanées[17]). On m'a dit qu'elle y resterait une dizaine de jours, *au mieux*. Je n'ai pas osé demander quel serait *le pire*…

---

17 Pas la peine de ricaner. Vous aussi, là, vous êtes perdu dans un bas de page. Alors ? On fait moins son malin.

En dehors de mes visites de l'après-midi au chevet de Mamie, il a donc fallu que je me trouve une occupation (autre que de nourrir Hector, ce qui aurait suffi à occuper un chômeur en fin de droits). Une occupation peu coûteuse, parce que mes finances étaient au plus bas. J'ai fait une croix sur le cinéma, la piscine (sans regret) et l'achat compulsif de DVD d'occasion chez Gibert. Je réserve ce qui reste sur mon compte pour l'achat de pizzas, de yaourts et de chips. Le minimum vital, quoi.

Heureusement, il me reste internet, source inépuisable de distractions bon marché. Alors, depuis plusieurs jours, lorsque je ne teste pas la qualité de l'air climatisé de Bicêtre, je discute avec Pika.

Ce personnage, qui (sé)vit à Paris, a su deviner sous mon pseudo la référence à Sherlock Holmes, mais n'est pas membre de la SSHF – dommage. Cela dit, son humour caustique et l'absence de fautes d'orthographe dans son discours m'a séduit. Ça suffit, en tout cas, pour que son profil sorte de l'ordinaire. Nous nous sommes retrouvés sur la messagerie instantanée, plus pratique pour communiquer rapidement.

Nos échanges ont été d'emblée rapides et intenses. « Frénétiques » ne me semble pas exagéré.

D'abord, il m'importait de savoir si Pika avait un sexe et si oui, lequel. En effet, aucune des photos postées sur son profil ne me permettait de m'en faire une idée. Sans être exagérément porté sur la chose, j'estime que c'est une information que tout garçon de 17 ans est en droit de connaître. Histoire de savoir où on met les pieds, si j'ose dire. Notre premier échange ne m'ayant pas permis de faire la moindre déduction, je me suis risqué à lui poser franchement la question. Comme ça, sans chichis, entre gens de bonne compagnie.

La réponse qui a suivi était tout à fait édifiante :

Pika : Si c'est tellement important pour toi, c'est que tu dois être puceau.

Au moins, comme ça, j'étais fixé. Petite phrase méchante, allégation gratuite, coup de griffe sous la ceinture, psychologie de magazine, raisonnement tordu : plus de doute, c'était une fille.

Forcément, la suite de nos rapports (si j'ose appeler ça comme ça) a pris un tour plus musclé.

J'ai épluché son profil, analysé les commentaires publics laissés sur son « mur », passé au crible son fichier d'amis. Ma fibre sherlock-holmesienne vibrait comme un diapason dans le vent d'été. Il me fallait rassembler un réseau d'informations le plus vite possible, afin de savoir exactement où taper pour faire mal. Parce que je suis comme ça, moi. Je suis zen, mais faut pas m'énerver non plus.

D'abord, il y avait la musique. Fastoche. Presque trop : Pika, qui disait *adorer la musique*, affichait dans l'inventaire de ses goûts un ramassis de groupes français pseudo-folk et néo-réalistes à tendance flonflon et musette, exactement tout ce que je déteste, complétés par quelques groupes de pop anglo-saxonne geignarde à ballades sentimentalo-débiles. Dans ma conception de la musique, de toute façon, tout ce qui n'appartient pas *stricto sensu* au rock ou au jazz est classé Débile©. Bon, j'admets une faiblesse coupable pour le disco, mais je peux tout expliquer : c'est parce que c'est la suite logique d'un courant noir américain venu du blues (si, si). Donc, respect.

Par conséquent, aussitôt que Pika a raconté sur SpaceBook® qu'elle revenait du concert de la Rue Kétanou, je me suis empressé de sortir la kalachnikov.

Là, mademoiselle Pikachu (quel avatar idiot) a fait son caca nerveux. Réaction prévisible : elle a cru bon de contre-attaquer sur mes goûts à moi, me sommant de les étaler au grand jour pour l'édification des populations arriérées. Ce que j'ai fait.

Mes choix étant remarquables de cohérence, elle n'avait pas grand-chose à redire. Sans compter que je suis le fils d'un homme qui a été guitariste dans sa jeunesse et m'a filé tous ses vinyles de Genesis, des Rolling Stones, de T-Rex et de Police. Ça aide, oui, je sais. Tout le monde ne naît pas avec une guitare électrique dans la bouche. Désolé. Mais il a fallu quand même que la Pokégirl vienne critiquer (normal, je l'avais énervée avec la Rue Kétanou). D'où l'échange suivant :

Pika : Est-ce que ça n'est pas justement un peu trop cohérent, tes choix ? Limite coincé ?

Professeur Moriarty (c'est moi) : Trop cohérent ? C'est ce qu'on dit quand on est bordélique.

Pika : Comment tu peux savoir si je suis bordélique ?

Pr Moriarty : Je ne sais pas, je devine.

Pika : Tu te crois vraiment super intelligent, hein ?

Pr Moriarty : Disons que tu ne me donnes pas beaucoup de raisons d'en douter.

Pika : Comment ça ?

Pr Moriarty : Tu changes tout le temps de statut sur SpaceBook. Tu sautes du coq à l'âne dans les conversations, tes goûts sont éclectiques (c'est ce qu'on dit quand on ne sait pas ce qu'on aime), t'as trois millions d'amis qui servent à rien, tu parles de tout et de n'importe quoi à tout le monde à la fois. Tu es bordélique. CQFD.

(J'ai failli rajouter : *Et en plus, je parie que tu sens sous les bras*, mais bon, je me suis retenu. C'est le genre de choses que j'aurais balancé à Alexandra sans sourciller, et qui nous aurait fait bien marrer, mais toutes les filles ne sont pas comme Alex.)

Pika : OK, je vois. Si tu permets, je vais tenter quelques hypothèses, à moins que tu me juges trop conne pour ça ?

Pr Moriarty : Faites, faites, mon cher Watson ☺

Pika : Tu juges tout le monde selon tes propres critères, tu adores les étiquettes, classer les gens et les musiques selon les genres, les faire rentrer dans des petites cases, d'où ton goût pour les romans policiers et les films d'horreur parce qu'il y a des méchants et des gentils, et ça te rassure. Comme t'as le sens de l'humour, j'en déduis que tu n'es pas autiste, pourtant t'es limite Rain Man. T'es juste un mec super coincé, cultivé mais pas forcément ouvert, un peu trop intelligent pour être sensible, et surtout, vachement seul. Et ça, c'est plutôt pathétique. CQFD.

Il y a eu un gros silence virtuel.

J'ai fait tourner ma chaise de bureau dans tous les sens, un truc que je fais souvent quand je cherche l'inspiration pour mes disserts d'éco, et qui a pour principal effet de me désorienter comme une poule dans une machine à laver.

Les mots du dernier message de Pika se sont mis à tourner en rond dans ma tête, façon chevaux de bois à la fête foraine. Y en avait qui montaient, d'autres qui descendaient, le tout sur une musique qui lui aurait bien plu, je parie, un truc dans le genre des Ogres de Barback.

Cassé comme ça, j'avais jamais été. Même pas en rêve. En principe, c'est moi qui casse. *Fear Factor*, c'était mon surnom au collège. Au lycée, c'est Orangina rouge[18].

Hector était couché sur la moquette grise de la chambre, je voyais son ventre se soulever au rythme de sa respiration. Il avait l'air heureux, lui. Sûrement parce qu'il était moins intelligent et moins cultivé que moi. J'ai ressenti soudain un grand besoin de parler à quelqu'un de pas virtuel et d'un peu plus aimable. Pour une raison inconnue, l'idée de me tourner vers Alexandra me paraissait humiliante. J'avais l'impression que ça donnerait raison à cette peste de Pika — comme si elle avait pu le savoir !

---

18 « Pourquoi est-il aussi méchant ? » Bon, faut connaître la pub, sinon ça le fait pas.

Ce que j'aurais voulu, c'est voir un bon vrai pote en chair et en os, une petite amie authentique ou bien à peu près n'importe qui de vivant. Même Mamie (dont on ne pouvait pourtant pas dire qu'elle était excessivement vivante), même mes parents.

Mais l'heure des visites à l'hôpital était dépassée depuis longtemps. Ma dernière tentative pour joindre la Corse s'était soldée par le même résultat que les jours précédents, à savoir une voix de robot qui susurre : *Vous êtes sur la messagerie de* (chrrr - voix de ma mère) *Francine Mainard* (chrrrr - retour du robot), *merci de laisser un message après le signal sonore* (biiiip).

J'ai délaissé ma chambre après un soupir venu du fond des âges, qui a fait sursauter Hector.

Sans trop savoir où j'allais, j'ai descendu les escaliers vers la cuisine. La pendule murale indiquait vingt heures quarante-cinq.

Je me suis souvenu tout à coup que ma mère avait dit qu'on pouvait appeler la colo d'Alice jusqu'à neuf heures du soir.

Sans trop réfléchir, je suis revenu sur mes pas, vers l'escalier. Sur le bloc-notes à côté du téléphone, j'avais noté un numéro commençant par 02. Je l'ai composé, espérant vaguement que ça ne sonnerait pas trop longtemps dans le vide, sans quoi la tentation de raccrocher serait trop forte pour que j'y résiste. Mais après trois sonneries seulement, j'ai eu droit à l'accueil chaleureux de Manu, animateur de son état, qui devait *méfu* des *oinje*, à en juger par sa diction mollassonne.

— Ah ouais, Alice Mainard ? Bougez pas, je vous la passe, monsieur, et vous êtes qui ? Ah ouais, son frère ? C'est cool, man.

Après un petit temps d'attente qui m'a permis d'entendre les bruits divers d'une colo à l'heure où l'on débarrasse les tables avant la boum, j'ai eu la voix d'Alice dans l'oreille.

– Max ? Oh, Max, c'est gentiiiiiiiiil de m'appeler !
Je me suis demandé un instant si tous les enfants n'avaient pas reçu leur ration nocturne de cannabis. En principe, ma sœur grogne à mon approche.
– Ça va, *sister* ? Tu t'éclates ?
– Ben, ça se passe bien, ouais...
J'ai senti que c'était le genre de *ouais* suivi par *mais*. Et, en effet :
– En fait, tu sais, avec Lou, on n'est plus copines...
La voix d'Alice a subitement sauté une octave.
– On se parle plus trop, et elle a même demandé à changer de dortoir. Alors, tu vois...
Cette fois, c'était très étranglé. Limite inaudible. Il est possible qu'en d'autres circonstances, je lui aurais fait répéter douze fois sa phrase jusqu'à ce qu'elle s'énerve – ce qui aurait eu le mérite de la distraire un peu de son chagrin. Mais cette technique éprouvée (réservée aux grands frères) n'a d'effet que s'il y a une maman derrière pour recoller les morceaux de petit cœur bousillé. Sans ça, c'est juste de la cruauté. Pathétique, quoi. Comme aurait dit quelqu'un...
– Ben quoi, Lili casse-burettes ! Ça va pas, alors ? T'aurais pas envie de pleurer un bon coup, par hasard ?
Un rire boursouflé de larmes m'a répondu. J'ai pensé qu'elle était en train de se moucher dans le téléphone et ça m'a un peu dégoûté.
– Bah, tu t'en fous, de ta copine à la gomme. T'en auras d'autres : une colo où on se fait pas d'amis, ça s'appelle un camp de concentration.
– Mais je m'en fous pas, de Lou ! On est copines depuis le CE2, tu te rends pas compte !
Je me suis demandé si j'avais eu aussi un copain du CE2 à la sixième. Si oui, je n'arrivais pas à me rappeler son nom.
Pathétique, décidément.

— Mais justement, ai-je poursuivi. Tu t'en fous pas, mais t'as qu'à faire comme si tu t'en foutais. Tu ne t'occupes plus d'elle, tu te fais d'autres copines, tranquille, et tu verras, c'est elle qui reviendra avec la morve au nez.
— Tu crois ? a répondu Alice en reniflant.
— Meuh oui, tiens. Je te parie mon slip à bretelles.
La blague a eu l'effet escompté. J'ai entendu un gargouillis de rire à l'autre bout du fil.
— Mais j'en veux pas, de ton slip !
— Dommage, ça le ferait trop grave sur la plage.
Cette fois, elle a ri franchement, d'un rire malicieux et haut perché, que j'étais content d'avoir provoqué.
— Bon, ben d'accord, je vais essayer, j'espère que ça va marcher, a-t-elle conclu. Et sinon, t'as des nouvelles des parents, toi ? Moi, j'ai reçu un coup de fil la semaine dernière.
Hem. Attention, chaussée glissante. Poids lourds, prenez la voie de droite réservée aux véhicules lents.
— Ouais, moi aussi. Ils font des étapes de plusieurs jours sans croiser un village, tu sais. Du coup, ils sont un peu coupés du monde. Mais bon, je suis sûr que Maman a une parabole numérique pliante dans son sac. Si ça se trouve, ils regardent Canal Sat tous les soirs.
— Pfff, t'es con.
C'est marrant. Parfois, on aime bien se faire traiter de con.
— Et Mamie, elle va bien ?
J'ai adressé une grimace à Hector qui s'était planté devant moi et me regardait avec son air d'agent secret le plus bête du monde.
— Mamie ? Ouais, super. Elle pète la forme, comme toujours.
— Tu peux me la passer, s'il te plaît ? Juste pour lui faire coucou.
Le regard épouvanté que j'ai jeté à Hector lui a fait si peur qu'il est parti en courant au salon.

— Heu... Ben, ça tombe mal ! On est mercredi, c'est sa soirée cinéma, tu sais. *Connaissance du Monde*, tout ça.
— Ah oui, c'est vrai... J'avais oublié. Pas grave. Tu lui feras un bisou. Mais je voulais te demander...

J'ai eu peur qu'elle me demande de lui passer encore je ne sais quel membre disparu de notre arbre généalogique. Dans la famille Mainard, je voudrais le papy. J'ai pas. Pioche.

— Tu voudrais bien m'envoyer du courrier, s'il te plaît ?
— Hein, tu veux que je t'écrive ?
— Oui, tu comprends, tout le monde a reçu une lettre déjà et pas moi. Enfin peut-être pas tout le monde, mais...
— Mais Lou, oui.
— Euh... Oui, c'est ça, a-t-elle admis avec un sourire dans sa voix.
— T'en fais pas, Lili-tronche-de-cake. T'auras un courrier de ministre, faudra embaucher une secrétaire tellement y en aura.

15

Forcément, les jours suivants, j'ai eu pas mal de boulot. Surtout, beaucoup de correspondance. D'abord, il y avait ma carte matinale aux parents.

> **Chers vous autres,**
> *Je suis content que vous alliez tellement bien que vous avez pas le temps de penser à nous. Alors voilà, aujourd'hui j'ai un truc super important à vous dire au sujet de Mamie : elle s'est barrée en Patagonie avec Florent Pagny. Mais vous bilez pas pour moi, je passe quand même de super vacances grâce aux trois millions d'euros détournés sur un compte suisse que Florent m'a laissés en signe de reconnaissance. Avec, j'ai acheté trois maisons et un hôtel et bientôt je me fais la rue de la Paix.*
> **Gros poutous baveux,**
> **Votre fils adoré.**

Ensuite, le courrier d'Alice : j'ai décidé de lui envoyer des cartes postales du Kremlin. Évidemment, ça n'existe pas chez les marchands de journaux. Alors j'en fabrique de fausses, avec des images découpées dans les magazines de Mamie, et je fais des commentaires derrière. Ça m'amuse.

Celles-là, je les poste pour de vrai. Sur le chemin de l'hôpital, lors de ma sortie quotidienne. Mamie est toujours en soins intensifs en cardio, où elle fait amie amie avec une nouvelle voisine de chambre, plus sympa que la précédente. Quand je viens, on discute, on feuillette des magazines, on joue même au rami avec la voisine de lit. La chambre 432 est sans doute la plus animée de tout le service... Sauf les fois où Mamie est en mode économie d'énergie. Ces jours-là, elle somnole, ouvre à peine les yeux quand j'arrive avant de lâcher quelques mots aléatoires. Ça ne dure pas longtemps, juste assez pour me faire flipper. Dans ces moments-là, je sors mon portable de ma poche, je fais les cent pas dans le couloir, je guette l'arrivée des infirmières, qui me rassurent d'un sourire : Ça n'est pas grave, ça va passer, c'est la commotion cérébrale, c'est l'âge, c'est la fatigue...

À les entendre, il y a au moins cent mille raisons d'avoir le cerveau qui disjoncte – c'est à se demander pourquoi tout le monde ne s'y met pas. Moi aussi, parfois, j'aimerais bien péter un câble ou deux. Dormir toute la journée, sauter du coq à l'âne dans les conversations, m'énerver sans motif, pleurer comme un veau. En grattant un peu, je devrais bien me trouver une excuse valable. Mais je tiens bon, pour l'instant.

Je reste rock.

Tout ça, c'est grâce à la musique.

Avec ma nouvelle compil, c'est 100 % bonne humeur dès neuf heures du matin. Neuf heures, oui, vous avez bien lu ! Il ne s'agit pas d'une faute de frappe. Depuis que Mamie a émigré pour Bicêtre, je me lève à son heure habituelle. Une histoire d'horloge biologique, sûrement ? N'empêche qu'il faut s'occuper, du coup.

C'est pas tout de chanter *I feel good* sous la douche pendant une heure en se faisant la coupe de James Brown avec la mousse du shampoing.

Pour meubler mon temps, j'ai renoué des relations diplomatiques avec l'infâme Pika. Après notre dernière empoignade, j'avais abandonné un peu lâchement, il faut bien le dire. Je ne pouvais quand même pas en rester là.

Pathétique, peut-être. Mais avec mention bien.

Donc, dès le lendemain de mon coup de fil à Alice, je suis revenu en force, bien décidé à en découdre. Je lui ai laissé un message :

Pr Moriarty : L'autiste est de retour. Alive and kicking. J'attends ma revanche, si t'es pas trop occupée à faire le tour de tes 273 nouveaux amis...

En attendant sa réponse, je suis allé me faire cuire un œuf. Un vrai, le dernier qui restait. Car il faut dire que le frigo commençait à donner des signes d'anorexie. J'avais beau l'ouvrir et le fermer, il n'en sortait plus aucune odeur de fromage, juste un rai de lumière aveuglante. J'avais dépensé ces derniers jours mon argent de poche en pizzas, sodas et paquets de chips. Il était temps pour moi de faire le plein et, si possible, de changer de régime alimentaire si je voulais éviter le scorbut. J'abordais un grand tournant dans mon existence : pour la première fois, j'allais faire de *vraies* courses avec *mon* argent en achetant autre chose que des barres chocolatées et des boissons hypercaloriques.

Une révolution.

Au Franprix de la rue de Fontainebleau, je me suis forcé à porter des œillères virtuelles pour ne pas lorgner du côté des produits suremballés à forte teneur en sel, sucre, graisses hydrogénées (tout ce que l'ado croit indispensable à sa survie).

Cap sur les fruits et légumes. Je me sentais l'âme d'un aventurier.

J'ai toujours eu un faible pour les aubergines, depuis le soir béni où, dans un restaurant, j'avais goûté à la moussaka. Nous étions en vacances en Grèce (c'était l'époque où mes parents avaient encore de bonnes idées de vacances), j'avais cinq ans de moins et, pour la première fois de ma vie, je me rendais compte qu'un légume pouvait faire partie intégrante d'un plat sans le gâcher totalement... Certes, l'aspect véritable des aubergines, au rayon du Franprix, était différent de l'idée que je m'en faisais. On aurait dit les légumes en plastique de la dînette d'Alice. Ce qui ne m'a pas empêché d'en prendre trois (soyons fous), et aussi des tomates, parce que c'est facile à manger et pas cher. Un melon, pour les mêmes raisons. Après tout, j'avais de la chance qu'on soit en été.

Au rayon viande, les ennuis ont commencé.

J'ai examiné tous les emballages, passant stoïquement devant les nuggets et autres cordons-bleus momifiés dans la panure. On avait dit : diététique. J'ai repéré un énorme carré de viande rouge d'un beau tempérament sanguin, estampillé charolais, à un coût défiant toute concurrence. J'en aurais pour huit jours. En plus, ça portait un nom alléchant. Bon, moi, la *macreuse*, ça ne me disait rien... Mais je n'allais pas m'arrêter là.

J'ai complété par un pack énorme de yaourts tellement nature qu'ils n'avaient même pas de marque, et une grosse tranche d'emmenthal. Pour ma croissance. À la caisse, j'ai décompté un à un tous les articles, et j'étais au bord de l'extase quand la caissière a annoncé :

– Douze euros et cinq centimes.

C'est pile ce que j'avais estimé.

Quand je suis revenu de courses, après un crochet du gauche par la boulangerie *Chez Habib* (pain hallal et azyme), il était midi.

Je suis littéralement tombé sur Hector, qui s'est mis à tourner autour de ma dépouille vautrée sur le tapis, en poussant des cris terrifiants. Si c'était comme ça qu'il accueillait Mamie à chaque retour de courses, elle devait avoir le squelette transformé en puzzle 5 000 pièces. Sa chute dans le cellier, si ça se trouve, c'était signé Hector. Ai-je eu raison de ramener, quand j'avais dix ans, cette créature digne d'un conte d'Edgar Poe ? Rien de moins sûr.

Avant de me lancer dans la grande cuisine, je suis monté dans ma chambre pour jeter un coup d'œil à l'ordi. Pika avait refait surface.

Pika : Salut, Rain Man. Contente de te revoir. Tu vas bien ?
Pr Moriarty : Impec. On m'a fait ma piqûre.
Pika : ☺ T'as disparu hier soir ?
Pr Moriarty : Bien vu. T'es observatrice.
Pika : Tu m'en veux ?
Pr Moriarty : Même pas mal.
Pika : Tant mieux. Attends, je reviens dans 5 mn. Bouge pas.

Bon.

Alors, s'il y a bien un truc qui m'énerve, ce sont les gens qui quittent leur ordi toutes les deux secondes pour aller vivre leur vraie vie. Si tout le monde faisait ça, ma pauvre Lucette, il n'y aurait plus personne sur SpaceBook®. Et alors, où irait le monde, je vous le demande ? Autant revenir au XXe siècle.

Je décidai donc de quitter les lieux sur le champ moi aussi, histoire de lui montrer que j'avais autre chose à faire que de poireauter devant un écran plat. J'avais ma *life*.

Et ma *life*, ou plutôt la bonne conservation de celle-ci, passait aujourd'hui par des légumes. Des aubergines, plus précisément.

Bon alors, les aubergines, que je vous explique : c'est très bon, quand c'est cuit. Cru, il faut éviter. Même si ça met (très) longtemps à cuire, faut pas paniquer. C'est du *slow food*. Ensuite, il faut savoir que la peau, si on la fait griller, se transforme en couenne imputrescible. C'est tout à fait fascinant. On dirait un matériau issu de la recherche spatiale. La NASA doit être sur le coup, à mon avis. Je suis sûr que ça a des propriétés intéressantes. On pourrait s'en servir pour faire, je ne sais pas, moi, des combinaisons ignifugées, des chenillettes de char d'assaut. Au goût, par contre, c'est pas bon. Pour finir, l'aubergine a une tendance irrépressible au dessèchement, voire à la carbonisation. Je sais, on ne croirait pas, à voir sa texture d'éponge. Et pourtant les faits sont là : si on ne l'arrose pas abondamment d'huile, ça se colle bêtement à la poêle et ça brûle, tout simplement.

Le coup de l'huile, je l'ai appris plus tard. Moi, j'avais mis du beurre. Bon, passe encore. Une erreur de jeunesse, quoi ! Mais quand j'ai vu ses rondelles noircir à vue d'œil et prendre l'aspect de pneus brûlés par des manifestants pendant la grève chez Continental, j'ai tenté d'en sauver quelques-unes. Juste pour goûter, j'ai croqué dans le pneu.

Je crois que jusque-là, je n'avais jamais pleinement intégré la notion d'*amertume*. Une endive ou un grain de café, à côté, c'est sirupeux. C'est là que j'ai compris, pour la peau : une aubergine, ça se traite comme une bimbo sur la plage. On la déshabille, on la tartine d'huile et on la laisse bronzer à petit feu, à son rythme.

Tout en me rabattant sur le melon, j'ai réfléchi à un nouveau groupe sur SpaceBook® intitulé « Je fais cuire des aubergines et j'aime ça ». Mais bon, j'avais arrêté d'ouvrir des *fan groups* débiles depuis au moins six mois, je n'allais pas craquer maintenant. Ça aurait été trop bête. Je me contente d'en suggérer les titres à d'autres, par exemple : « Pour que les Éthiopiens soient champions de sumo » ou « Si toi aussi t'as les cheveux qui poussent ».

Abandonnant la cuisine de Mamie à ses odeurs récurrentes d'usine d'incinération, je suis remonté dans ma chambre, équipé d'un morceau d'emmenthal 1er prix fourré entre deux tranches de pain sans sel (la boulangerie *Chez Habib* est spécialisée dans le pain *sans* quelque chose, au cas où on ferait un régime hypocalorique ou religieux quelconque).

Alexandra s'était connectée sur la messagerie en ligne. Le temps de lui faire un petit coucou, je suis revenu à Pika sur SpaceBook®. Très rapidement, je me suis retrouvé en train de gérer trois conversations à la fois, car Kévin s'était joint à l'invitation d'Alex. Même si Pika ne pouvait pas déceler leur présence, elle a fini par s'en douter à cause du décalage spatio-temporel dans mes réponses.

Pika : Tu parles à qui, là ?

Pr Moriarty : Oups ☹ Sorry, je suis sur MSN avec deux potes de lycée...

Pika : Tu me les présentes ?

Pr Moriarty : Euh... Pas sûr que ça t'intéresse. C'est ma bande d'autistes savants.

Pika : Ne cherche pas à deviner ce qui m'intéresse, STP.

Pr Moriarty : Tu l'auras voulu. Alors, il y a Kévin (c'est son vrai prénom). Il aime les paris stupides. En cours, il mange des nouilles chinoises instantanées pas cuites et, à la récré, il se tape les sachets d'épices. Il fait des compétitions de X-biking et il regarde des films pornos sur des sites honteux.

Pika : Brrr... Deux questions : 1) c'est quoi, le X-biking ? 2) Et pourquoi c'est ton ami ?

Pr Moriarty : 1) du vélo-cross extrême et 2) mon ami, c'est beaucoup dire... J'aime bien son grain de folie (il est même totalement secoué, en fait).

Pika : Et t'aimes bien les gens déjantés ?

Pr Moriarty : J'aime bien 2 sortes de gens : les gens super intelligents et silencieux, et de l'autre, les gens qui ont un grain et qui s'en cachent pas. En principe, c'est plus facile de devenir ami avec les seconds qu'avec les premiers.

Pika : Très juste. Encore que les gens super intelligents et ceux qui ont un grain sont parfois les mêmes, tu ne crois pas ?

Pr Moriarty : Bien vu. Euh... Tu penses à quelqu'un en particulier, là ?

Pika : Va savoir... ☺ Et ton autre pote ? Y en avait deux, non ?

Pr Moriarty : L'autre, elle s'appelle Alex. On est dans la même classe depuis des années. Pas facile d'en parler...

Pika : Pourquoi ? C'est ta copine ?

Pr Moriarty : T'es folle !

Pika : Non. C'était une question légitime.

Pr Moriarty : MDR

Franchement, qu'est-ce que je pouvais répondre à Pika ?

La seule idée d'avoir des relations intimes avec Alex était aussi désopilante et insensée que les paris fous de Kévin. Alex, c'est un mélange de sœur et de meilleur pote, un truc complètement asexué. Dans ce cas, pourquoi ne pas l'avoir dit à Pika ? Pourquoi avoir laissé entendre que son évocation allait nous plonger en eau trouble ? Évidemment, je l'aimais bien, Alex. Je commençais d'ailleurs à trouver gênant le fait d'avoir complètement délaissé notre conversation depuis dix minutes au profit de Pika. Mais pour une raison inconnue de ma conscience, je préférais encore subir ses reproches que de passer à côté d'une discussion avec une fille qui m'avait insulté la veille et qui avait pour avatar un Pokémon jaune.

Ça devenait limite inquiétant.

16

Quelques heures plus tard, j'ai enfin réussi à m'arracher à l'ordinateur pour aller voir Mamie... Et encore, ça n'était même pas de mon plein gré. Si Pika n'avait pas dû disparaître pour une raison mystérieuse, j'aurais sans doute attendu la nuit pour prendre conscience de la fuite du temps. C'est bizarre, me suis-je dit tout en me préparant pour affronter un éventuel orage en sortant. Depuis que je suis gamin, j'ai joué à une quantité de jeux de console et de PC, des jeux de simulation aux jeux d'arcade en passant par les jeux de rôle et de stratégie. J'y ai passé des heures, j'ai galéré pour atteindre tel niveau, ouvrir telle porte, accéder à tel ou tel degré. Et pourtant, jamais je n'ai eu autant de mal à quitter un écran qu'aujourd'hui...

Tout ça pour quoi ? Pour rien du tout.

Trois fois rien, tout au plus. Quelques mots échangés avec une fille qui n'est même pas mon genre.

J'étais tout seul chez Mamie en train de passer des vacances *punk* de haut niveau, sans personne sur le dos pour m'obliger à quoi que ce soit, avec juste assez d'argent en poche pour acheter des aubergines. J'étais sans nouvelles de parents probablement morts dans un éboulis, et occupé à consoler une sœur abandonnique et une grand-mère qui profitait de l'été pour faire un audit avant de déposer le bilan. Et dans tout ce bonheur avait surgi une nana avec qui j'avais eu, en tout et pour tout, cinq conversations virtuelles.

Pas de quoi fumer un chat.

Alors, qu'est-ce qui me rendait euphorique comme ça ?

J'ai décidé de tirer tout ça au clair en prenant l'air.

Un peu de vélo à travers les rues du Kremlin, ça aide à faire le point. Une fois de plus, en claquant la porte de la maison, j'ai ressenti la désagréable impression d'avoir oublié quelque chose. Mais j'avais beau pointer ma *check-list* mentale comme ma mère avant leur départ pour le GR 20, je n'arrivais pas à trouver ce que ça pouvait être... Pika, qui venait de m'apprendre qu'elle étudiait la psycho, n'aurait pas manqué d'évoquer au sujet de mes oublis récurrents quelque théorie freudienne de derrière les fagots. Et le pire, c'est que j'aurais trouvé ça très intéressant. Mais que m'arrivait-il ? Quelque maladie inconnue de la science avait pris possession de mes neurones ? Quel magicien tout droit sorti de *Warcraft* venait de me transformer en zombi ?

J'ai pédalé ardemment tout le long du chemin sans parvenir à tirer au clair cette ténébreuse affaire.

J'ai cadenassé mon vélo à l'entrée de l'hôpital.

Avant de retrouver l'équipe des joyeux drilles de la cardio, j'ai fait un saut par la boutique dans le hall du bâtiment central, dans l'idée d'offrir à Mamie un peu de lecture.

C'est drôle, tout ce qu'on peut trouver dans une boutique d'hôpital. Des tas de magazines, des peluches, des fleurs, des couches-culottes, de la papeterie, des bonbons, enfin presque tout sauf du tabac et de l'alcool (pas la peine de rappeler aux patients pourquoi ils sont arrivés là). Je me suis imaginé la tête que ferait Mamie si j'osais lui apporter une revue porno ou un magazine de X-biking. On rigolerait bien, si ça se trouve. Mais sa voisine risquerait de nous dénoncer aux autorités comme famille à risque. J'ai trouvé moins dangereux d'opter pour un *Modes & Travaux* spécial été, avec mots croisés, reportage sur les Antilles et conseils de jardinage.

Quand je suis arrivé dans la chambre 432, j'ai eu un choc.
Mamie était seule dans la chambre et semblait dormir, d'un drôle de sommeil vaguement comateux. Le lit vide face à elle était tendu de draps verts impeccablement tirés. Je me suis assis dessus, en attendant qu'elle émerge. Elle a fini par papillonner des paupières et me sourire.

— Dis donc, elle est partie, ta voisine ? lui ai-je demandé *illico*, tout en tapotant sur la couverture du lit inoccupé de notre ex-partenaire de rami. Je voulais lui montrer que je suivais les épisodes de *Plus belle la vie à l'hosto*.

Un grognement bizarre m'a répondu. Mamie s'est redressée dans son lit, faisant bouger divers tuyaux. Depuis plusieurs jours, elle n'était plus sous perfusion et voilà qu'on l'avait rebranchée ! J'ai remarqué cependant que ces nouveaux tuyaux n'alimentaient pas ses veines, mais sortaient de sous sa chemise de nuit.

— C'est quoi, ces nouveaux branchements ? On t'as mis le câble ? T'as l'ADSL, maintenant ?

Mamie s'est soudain tournée vers sa manche d'où sortaient deux fils noirs. Elle a roulé vers moi des yeux effarés :

— Mais qu'est-ce que c'est que ça ?

Deux possibilités : soit l'équipe médicale avait profité de son sommeil pour lui poser des sondes en douce, soit elle ne se souvenait plus de ce qu'on venait de lui faire. Dans le premier cas, je trouvais ça un peu farceur de la part des médecins. Dans le deuxième cas…

— T'affole pas, Mamie. Ça doit être pour mesurer ta tension ou quelque chose comme ça, dis-je en retroussant sa manche. En effet, un gros scratch lui entourait le biceps. L'autre fil, plus fin, était relié à un patch collé au-dessus de sa poitrine.
— Bon alors, et ta voisine... ? ai-je fait, histoire de détendre l'atmosphère.
— Oh, elle n'arrêtait pas de se plaindre. C'est parce qu'elle était veuve. Et puis elle a eu un cancer, la pauvre.

J'ai froncé le nez. Je ne savais pas que sa voisine de chambre avait un cancer. Depuis que je venais, elle n'avait jamais manqué de préciser qu'elle souffrait d'*insuffisance ventriculaire*, comme si c'était un titre de gloire que je me devais d'admirer sans réserve.
— Et c'est pour ça qu'ils l'ont changée de chambre ?
Mamie m'a regardé comme si j'avais dit une énormité. Ses yeux verts, toujours maquillés d'habitude, paraissaient plus petits et plus froids qu'autrefois.
Ça m'a fait drôle.
— Mais non, voyons, Maxime. Elle est morte.
— Quoi ? Mais elle avait l'air en pleine forme ! C'est horrible.
— Ça m'étonne que tu dises ça. Je me demande même si tu l'as connue, tu vois. C'était en 98, l'année de la Coupe du monde de foot. Quand la France a gagné trois-zéro contre le Brésil.

J'ai éclaté de rire.
Bon, Mamie n'avait pas glissé dans un univers parallèle. On était juste en train d'expérimenter un bon vieux quiproquo de comédie !
— Je me souviens plus qui a marqué le premier but... a-t-elle continué d'un air nostalgique.
— Tu n'espères pas que je vais te le dire, tout de même ? Tu sais, moi et le foot... Remarque, tu me demanderais quel

Français a remporté une médaille d'or aux J.O. d'hiver cette année, j'en saurais rien non plus. Et pour le Tour de France, je te dis même pas... Pourtant, il vient juste de se finir.
  – C'est Bernard Hinault. Et Jean-Claude Killy, pour le ski.
  Je pouffais sous mes cheveux. Quelle marrante, cette Mamie !
  – Dis donc, c'est les années 70, ça ! Ils doivent être momifiés, depuis le temps. Tu ne penses pas ?
  – Écoute, si tu ne me crois pas, a-t-elle répliqué sèchement, c'est pas grave. On demandera à Gérard, tu verras que j'ai raison.

Un vent glacé s'est levé dans la pièce ; je ne savais pas d'où il venait exactement, mais il soufflait droit sur ma colonne vertébrale. Je me suis redressé du bord du lit où j'étais avachi.
  – Dis donc, Mamie, tu me fais des blagues, hein ?
  Elle m'a jeté un regard un peu égaré.
  – Qu'est-ce qu'il y a, Maxime ?
  Qu'elle prononce mon prénom m'a un peu soulagé. À ce stade, j'étais prêt à m'entendre appeler André.
  N'empêche que je ne savais pas quoi faire, moi. Fallait-il lui avouer qu'elle était en train de disjoncter, ou faire comme si de rien n'était ? Et si, pour ne pas l'inquiéter, je décidais d'opter pour la deuxième voie, combien de temps arriverais-je à donner le change ? Si elle m'interrogeait sur l'élection de François Mitterrand ? Si elle me demandait quand Papa passerait son bac et si je savais me servir d'un Minitel ? Est-ce qu'il faudrait que je me déguise en mon père et que je reconstitue les années 80 depuis sa chambre d'hôpital ?
  Pendant que j'essayais de me déterminer sur la conduite à tenir, elle a fermé les yeux.
  – Tu sais, je me sens un peu fatiguée, en ce moment... a-t-elle repris, en passant une main dans ses cheveux gris très courts

pour leur redonner du gonflant. Parfois, ça va très bien, et d'autres fois, c'est comme... Comme si j'étais dans un rêve. Un rêve dont on veut se réveiller, sans y arriver... Tu vois ?

Je voyais très bien ce qu'elle voulait dire. C'était tout à fait l'effet que me faisait mon existence actuelle.

— C'est comme quand on se réveille le matin et qu'on se demande si ce qu'on a rêvé est réel ou pas. On patauge, on cherche à démêler... Tu as déjà ressenti ça ?

— À peu près tous les matins, pendant l'année scolaire, quand le réveil sonne. D'ailleurs, je ne suis pas très sûr que le lycée n'est pas un rêve, tout compte fait. *La vie est un songe.* C'est le titre d'une pièce espagnole qu'on a étudiée en seconde...

— Ah, oui... Diego Calderon, non ?

— C'est Pedro, je crois. Mais bravo quand même ! J'ai toujours dit que tu devrais tenter *Questions pour un champion*.

Elle a hoché la tête en soupirant.

— Eh bien, ça n'est pas pour tout de suite. Il va d'abord falloir que je remette de l'ordre là-dedans, a-t-elle lancé en se cognant le crâne avec l'index.

Argh. Moi qui pensais qu'on voyait le bout du tunnel ! J'ai poussé un soupir à fendre l'âme.

— Ne t'inquiète pas, a-t-elle poursuivi. Ils m'ont fait un scanner et un IRM, quand j'étais en réa... Je n'ai rien dans le cerveau.

— Rien dans le cerveau ? Ça n'est pas très rassurant... ai-je dit pour rigoler un peu.

Mamie a souri :

— N'est-ce pas ? Comme aurait dit ton grand-père, qui ne reculait jamais devant un jeu de mots, j'ai juste *le cerveau lent*. Tiens, ça me fait penser : le cardiologue a dit qu'il fallait que je mette « mon cœur au repos ». Tout un programme ! On m'a donné une liste de choses à éviter, c'est très amusant. Il faut que je te la retrouve.

Elle a ouvert le tiroir de la table de chevet à côté d'elle et farfouillé pour trouver ses lunettes et une feuille qu'elle a dépliée :

— Alors, on a : *Arrêt du tabac, de l'alcool, des excitants, lutte contre le stress*, etc. Il y a même : *Éviter les émotions fortes* et *Pratiquer une activité sexuelle apaisante*. Ils me disent ça, à moi, qui suis veuve ! *Une activité sexuelle apaisante*, c'est quoi au juste ? Ça existe ?

J'étais mort de rire.

Enfin, je retrouvais ma Mamie, toujours prête à s'enflammer pour des causes diverses et à tourner en dérision les propos trop sérieux. Accessoirement, elle venait aussi de me prouver qu'elle se souvenait de la mort de Papy…

— Ça veut dire que ta période *sex, drug & rock'n roll*, c'est fini. Laisse ça à Amy Winehouse et reviens faire de la confiture.

Mamie a souri (même si je suis sûr qu'elle ne connaît pas Amy Winehouse).

— À propos de confiture, tu t'en sors bien, à la maison, tout seul ? J'espère que tu prends l'air, que tu vois du monde. Tiens, j'ai pensé que tu devrais prendre ma carte d'abonnement au cinéma du quartier… Et tes parents, tu as des nouvelles ?

J'ai expliqué à Mamie que je n'arrivais toujours pas à les joindre. La vérité, c'est que depuis plusieurs jours, je n'avais pas essayé.

— Si jamais tu les as au bout du fil… Surtout, ne les inquiète pas avec mon état. J'aimerais bien qu'ils profitent de leurs vacances, et puis mes jours ne sont pas en danger. C'est plutôt pour toi que je m'inquiète. Tu es tout seul…

Bon, voilà qu'on remettait ça. Mine de rien, c'était la deuxième fois en 48 heures qu'on faisait référence à mon incommensurable solitude.

— Mais, je ne m'ennuie jamais ! Et puis, tu sais… Voir du monde pour le plaisir de voir du monde, ça ne m'intéresse pas.

– Je sais bien. Tu es comme ton grand-père, d'ailleurs... Gérard pouvait passer des heures dans le salon entre la télé et ses romans policiers... Il me disait : *Tant que tu es là, je n'ai pas besoin du reste de l'humanité.* C'est une belle phrase, hein ?

Mamie avait pris un ton nostalgique, la tête tournée vers la fenêtre où des altostratus zébraient le ciel bleu.

Je sentais qu'au-delà du souvenir de Papy, autre chose altérait sa voix. Elle s'inquiétait pour moi. Pas forcément pour mes vacances gâchées, ni mon alimentation ou mes sorties. Ce qui l'inquiétait, c'était peut-être ce qui avait alerté Pika, deux jours avant. Une chose mystérieuse à mes yeux mais qui faisait que, d'un point de vue extérieur, ma vie sociale paraissait un désastre, ma vie affective un désert. Nouveau soupir.

Soudain, alors que je m'apitoyais sur mon sort, j'ai entendu la respiration de Mamie passer en mode Derrick. Un long souffle apaisé, tranquille. Je l'ai regardée somnoler, d'abord un peu étonné de cette interruption subite des programmes, puis satisfait. J'échappais à l'interrogatoire sur mes activités d'autiste du dimanche. Et puis, l'inquiétude a commencé à me gagner.

Euh...

Un coma, ça vient comment, au juste ? Dans les séries télé, ça résulte toujours d'un grand choc, d'un accident quelconque. Est-ce qu'on peut tomber dans le coma par désœuvrement, juste parce que son petit-fils a une conversation ennuyeuse ?

Tout ce que je savais, c'est que rien ne ressemble plus au coma qu'un bon gros dodo. Et si elle piquait juste une petite sieste, j'aurais l'air fin, à appuyer sur le bouton d'appel comme un malade... D'un autre côté, si Mamie était réellement passée en mode Hibernatus, elle ne se réveillerait pas de sitôt, qu'on alerte un médecin ou pas : même si l'infirmière et moi décidions de lui chanter *L'Internationale* en canon à deux voix, debout sur une chaise, elle ne moufterait pas.

Alors, que Mamie ait définitivement décroché, me laissant seul face à mon destin, telle l'impératrice Sissi, je n'étais pas si pressé de le savoir. Ça pouvait bien attendre encore un quart d'heure.

Les mauvaises nouvelles, c'est comme tout : c'est excitant cinq minutes, mais il faut savoir faire des pauses, sinon ça finit par lasser.

Une certaine maussaderie s'est emparée de moi.

– Bon, Mamie. Là, ça commence à être lourdingue, ton truc. T'as trop regardé *Les Feux de l'amour*. D'abord, une crise cardiaque pendant les vacances. Et vas-y que je te perds la boule. Et hop ! un petit coma ! C'est qui ton scénariste, qu'on le vire ?

Mamie a soupiré un peu plus fort, puis son souffle est redevenu parfaitement étale.

J'ai continué, en roue libre.

– Tu sais quoi ? T'es même carrément chiante. Non, mais c'est vrai quoi ? Ton petit-fils de 17 ans passe ses vacances avec toi, comme au bon vieux temps, et toi tu trouves rien de mieux à faire que de couler une bielle. Un infarctus, tu parles si c'est original ! C'était pas la peine de voter socialiste depuis mai 68 pour en arriver là, franchement. Et ton fils aîné qui se barre à Pinza Cucugna ! Ni mot ni nouvelle, à peine un petit coup de fil de merde pour dire quoi, hein ? Qu'ils pourront pas rappeler, qu'on a qu'à se démerder, tous autant qu'on est ! Ah, on peut dire que tu l'as bien élevé, ton fils ! Bravo !

Je me suis arrêté un instant pour la regarder.

Elle n'avait même pas cillé.

Moi, j'étais hors d'haleine.

Tout à coup, j'ai eu envie de lui arracher ces conneries de tuyaux qui pendouillaient comme des guirlandes. Je les ai touchés un instant, senti leur contact gélatineux et froid. Et puis j'ai abandonné. J'avais l'impression de partir en vrille totalement.

J'ai regardé par la fenêtre, où on devinait le ciel malade du Kremlin au-dessus d'une bande de papier adhésif mat à dessins géométriques en 3D.

— Toi tu pionces et eux ils font du camping ! Y en a pas un pour rattraper l'autre. Si ça se trouve, ils ont été piétinés par un sanglier, et moi je suis coupé du monde. J'ai plus qu'à m'occuper de ma sœur, maintenant. Et à bouffer des rutabagas jusqu'à la fin de ma vie, parce que, cons comme vous êtes dans la famille, personne n'aura fait son testament, évidemment !

Mamie restait là étendue comme une asperge à roupiller mollement, avec des petits ronflotements, à croire que j'étais en train de lui chanter la plus hypnotique berceuse de tous les temps.

Et moi, ça bouillait dans mes veines, j'avais envie de rire et de pleurer en même temps.

Si j'avais été mon meilleur ami, je me serais administré une baffe pour me faire revenir à la raison. Mais hélas, je ne suis pas mon ami, et c'est très dur d'arrêter une crise de nerfs. Un peu comme de se retenir d'éternuer. On se dit qu'on va crever si on ne laisse pas ça sortir. Et c'est bien possible, après tout, qu'on en crève.

Il faut que ça sorte, c'est tout.

— Fallait le dire, que c'était un stage commando ! Je me serais préparé, hein ! Putain, j'en ai marre, de vos conneries ! Marre !

J'ai balancé un grand coup de pied dans le meuble à roulettes qui lui sert de table. Il a dérivé sur plusieurs mètres, avant de finir sa course contre la porte de la salle d'eau.

Mamie s'est réveillée d'un coup.

— Qu'est-ce qui se passe, Maxime ?

J'ai sursauté.

À son réveil, elle savait parfaitement que j'étais là.

Comme si je n'avais jamais pu être ailleurs, comme si c'était parfaitement normal que je sois là. Je ne savais plus quoi dire.

J'ai avancé ma main vers la sienne, sans trop savoir quoi faire avec cet embryon de geste. Elle me l'a saisie aussitôt, a plaqué dessus son autre main, les tuyaux noirs à son bras se sont un peu emmêlés.

Elle a tourné la tête vers la fenêtre.

– Tu as vu le ciel, mon grand ? Il va encore faire beau, demain.

Ça paraissait inévitable.

17

Vers dix-huit heures, une infirmière est arrivée pour retirer à Mamie ses patchs. Sérieuse et muette, elle reportait les mesures du rythme cardiaque sur une grande feuille. On aurait dit qu'elle allait les jouer au Keno. Mamie me faisait des grimaces derrière son dos, pour me faire comprendre qu'elle ne la portait pas dans son cœur.

Je suis sorti de la chambre 432. Mamie m'a envoyé une bise de loin, je lui ai dit : « À demain ». Dans les couloirs, j'ai slalomé entre les chariots qui apportaient les repas du soir. Ça sentait la soupe aux asperges.

Quand je suis sorti du bâtiment, j'ai vu que le ciel commençait à virer au rose par endroits. Ça promettait d'être joli, dans quelques heures.

Tandis que je pédalais, je cherchai d'une main mon baladeur dans la poche de mon super-bermuda multipoche. Introuvable. J'avais dû le laisser à la maison. Pas malin. J'aurais bien eu besoin d'un peu de zic, avec le coup de grisou que je tenais... J'ai essayé de fredonner *I wasn't made for fighting*, de mon groupe canadien préféré[19], ce qui convenait bien à la situation. Et puis, je me suis souvenu du titre de leur premier album : *Heart attack*. « Crise cardiaque ». Allez savoir pourquoi, ça m'a écœuré, tout à coup.

En plus, je crevais de faim.

Dès mon retour, je me suis rué à la cuisine. Assisté d'Hector, j'ai entrepris de découper dans l'énorme morceau de viande rouge que j'avais acheté le matin, un bon gros bifteck. Mais autant essayer de couper une balle de tennis à la petite cuillère... J'ai finalement opté pour la méthode *kebab*. J'ai fait griller à la poêle des petites lamelles de viande, les morceaux les moins réussis étant directement passés à la moulinette féline.

Estimant que mon ragoût de copeaux de viande manquait un peu de saveur, j'ai ajouté tout ce qui me passait sous la main comme épices. J'ai même trouvé dans le cellier des oignons à la couleur bizarre, qui ont mijoté avec le reste. Je progressais grandement dans l'art culinaire. Et comme je suis du genre obstiné et que ma bonne humeur commençait à revenir, j'ai décidé de régler mes comptes avec les aubergines. Il m'en restait deux, que j'ai mises au micro-ondes, pour voir.

Dans l'absolu, j'imagine que ce n'est pas *nécessairement* une mauvaise idée. Je les avais épluchées et lavées. On aurait dit deux éponges verdâtres ramassées dans des bas-fonds marins louches. J'ai mis le micro-ondes à pleine puissance, et j'ai attendu. Il y a eu d'abord un sifflement continu, un peu comme une bouilloire. Et ensuite... *Boum*. Non, pas exactement *boum*. Plutôt *schpof*. Les aubergines avaient explosé. J'ai ouvert la porte du four : l'intérieur était tapissé de lambeaux d'aubergines.

Une sorte de moussaka en crépi.

---

19 Le groupe s'appelle Woodhands. Et ça décoiffe les permanentes, attention.

J'ai raclé ce que je pouvais et mélangé le tout à ma viande. Un peu de Tabasco et un soupçon de Ketchup, et j'ai fourré le tout dans ce qui me restait de pain. Je suis allé manger mon döner-kebab dans ma chambre, tandis qu'Hector bâfrait de la macreuse à 5 euros le kilo.

Tout en retirant au fur et à mesure des rondelles caoutchouteuses de mon sandwich (décidément bizarres, ces oignons...), j'ai relevé quelques e-mails arrivés sur le compte de Mamie, et fait le tri dans ma propre messagerie.

En me quittant quelques heures plus tôt, Pika avait promis de m'envoyer par mail la recette complète de la moussaka arrachée à un copain grec qui travaillait avec elle.

Car oui, en cette fin juillet, Pika travaillait... bénévolement.

Elle passait son été dans une association en Seine-et-Marne qui offrait un centre aéré gratuit à des gosses privés de vacances. Chaque jour, il en déboulait de nouveaux qui prenaient le RER depuis Barbès ou Clignancourt pour faire de la pâte à sel, construire des châteaux en Kapla ou apprendre à se servir d'un ordinateur. Les veinards.

Nos opinions contradictoires au sujet du travail bénévole avaient bien failli nous brouiller à tout jamais.

Comme j'ironisais sur le bénévolat (*l'apanage des vieux qui se donnent bonne conscience après une vie professionnelle de merde*), elle s'était mis dans la tête que j'étais un sale type cynique et vénal. Comme je lui avais dit que j'étudiais l'économie, elle croyait tenir là un argument de choc faisant de moi un petit-bourgeois néolibéral qui se réjouissait d'avoir 18 ans pour voter Villepin et se faire des couilles en or dans la finance. J'en trépignais de rage devant l'écran. Après l'avoir traitée de *suffragette sous-cultivée*, je me suis calmé un peu pour lui expliquer qu'au contraire, selon moi, tout travail mérite salaire et que la prise en charge des défavorisés est une des missions de l'État démocratique, lequel devrait cesser de compter sur le bénévolat et la charité pour enfin respecter sa part du contrat social.

J'avais l'impression de bosser sur une de ces disserts d'éco qui me valent toujours des commentaires agacés du prof : « Vos accents imprécateurs finiront par me lasser » ou « Attendez d'avoir du poil au menton pour vous lancer dans la politique ». Parce que mon prof est de droite, lui, et ça se voit.

Bref. On en était restés là puisqu'elle avait disparu dans les coulisses brutalement, semblant se souvenir qu'on l'attendait après sa pause-déjeuner pour faire une chasse au trésor avec des petits Togolais sans papiers. On avait failli rester sur un malentendu. Mais tout à coup, elle était revenue avec son histoire de recette de moussaka, et avait laissé en partant un message plutôt gentil sur mon « mur » :

Pika à Pr Moriarty (statut : public) : À tout à l'heure pour la moussaka, professeur. Et pour le cours d'économie.

Seulement, à vingt et une heures ce soir-là, sur SpaceBook®, je n'avais ni recette de moussaka à apprendre, ni leçon d'économie à donner. Pas de trace de ma *suffragette sous-cultivée*.

Même Alex avait déserté.

On était samedi soir, après tout.

Rien d'autre, dans la communauté virtuelle, que le désolant spectacle des bogosses autoproclamés qui filaient des rancards débiles à des filles qui ne l'étaient pas moins, à grand renfort de *Ase soiiiiiiiir, jte kiff* ou de *G trooooooop hâte d'y eeeeetre*.

Non, je ne les enviais pas. Passer la soirée dans un parking à écouter du rap pourri dans des enceintes hypertrophiées, une main sur la bouteille de Despé, l'autre sur les cuisses d'une fille en mini-jupe assise sur le capot d'une Renault 19 immatriculée dans le 95, merci bien... Malgré tout, je ne pouvais pas m'empêcher de me dire qu'eux, au moins, on ne les emmerdait pas avec leur solitude. Le nombre de leurs amis était inversement

proportionnel au nombre de leurs neurones en fonctionnement. Leur *life* n'avait aucun intérêt, mais eux-mêmes étant intimement persuadés du contraire, ils passaient leur temps sur SpaceBook® à se la raconter. De mon point de vue, ils étaient mille fois plus pathétiques que moi.
 Oui, mais voilà : ce soir-là, j'avais l'impression d'être le seul à le penser.
 On a beau dire, mais même la misanthropie, ça se partage. C'est toujours plus agréable de se plaindre du monde entier à un pote, que de se lamenter tout seul. Pour critiquer la société, on a besoin d'un public. Parfois, j'en avais un peu ma claque d'être tout seul à avoir raison et à rire de mes blagues en solo.

 La conversation que j'avais eue avec Mamie l'après-midi, au sujet des rêves, me revenait en mémoire. J'avais envie de la prolonger un peu (la conversation, pas Mamie – encore que…).
 Grâce à Google, je retrouvai sans peine ces quelques vers :
Qu'est donc la vie ? Une illusion,
Une ombre, une fiction ;
Le plus grand bien est peu de chose,
Car toute la vie n'est qu'un songe,
Et les songes mêmes ne sont que des songes.
Bon. Super.
 Il fallait que je me secoue un peu. À ce compte-là, j'étais bien parti pour ouvrir un *skyblog* à tendance dépressive, avec citations de poètes maudits sur fond noir, où j'étalerais mon mal-être à tout venant, en postant des photos floues de ma mélancolique personne.
 Mais qu'est-ce qui m'arrivait, là ?
 J'ai ressorti ma guitare du placard et branché l'ampli.
 Sans essayer de copier qui que ce soit, j'ai tenté quelques accords à la volée. Ça me venait assez facilement. Quand on a quelques bases, on peut tromper son monde tant qu'on n'essaye

pas de jouer un morceau connu. Mais il ne me venait que des bribes d'airs désenchantés à la Radiohead. Hector, qui sommeillait sur mon oreiller, a à peine levé la tête.

La preuve que j'avais touché le fond.

J'ai reposé la Fender et je suis revenu vers l'ordi pour mettre un peu de musique décente. MGMT semblait un bon choix. En principe, leur musique me donne envie de rebondir partout. J'ai mis *Kids*. Et j'ai attendu que quelque chose se passe. Que la joie revienne.

La joie, ou quoi que ce soit d'approchant. L'euphorie familière que je ressens quand je suis tranquille quelques heures chez moi. Ce vide autour de moi et ce plein dans ma tête, quand mon esprit en liberté ne se cogne plus aux barreaux des esprits des autres. Cette chaleur, quand mon cerveau est en ébullition et que je sens dans mes membres picoter l'envie de danser.

Mais rien n'est venu.

Je regardais le mur du fond couvert de cartons d'œufs et je pensais à mes délires d'apprenti rock star, vite oubliés. En face, près du lit, le mur couvert de journaux illustrait une tension contraire. D'un côté, la réussite individuelle, l'homme seul face à la foule, l'albatros de Baudelaire, *the artist*, quoi. De l'autre, le futur chroniqueur de la vie politique que je rêvais de devenir, qui finirait peut-être assistant au service juridique d'une PME de Juvisy-Ville nouvelle, si tout allait bien. Un pion dans la foule, dont le seul acte engagé de sa vie serait de se rendre au bureau de vote – et encore, juste parce que ce serait sur le chemin de la boulangerie.

Et moi au milieu, ici et maintenant. Seul.

Soudain, j'ai eu l'œil attiré par une lueur orange, derrière les rideaux. J'ai pensé aux gyrophares de l'ambulance qui avait emporté Mamie une semaine plus tôt... Je me suis approché de la fenêtre. En ouvrant les rideaux, j'ai aperçu le plus beau bout de ciel que j'aie jamais vu au Kremlin. J'en avais déjà vu, des soleils couchants, mais celui-là, c'était un *sunset* de compétition. Entièrement constitué de plaques orange et roses, en petits morceaux, comme une mosaïque. Et devant, les silhouettes des toits des immeubles découpées en noir, comme des ombres chinoises dans un théâtre de marionnettes.

Je suis revenu vers l'ordi pour réécouter *Kids* en poussant le son : *A family of trees wanting to be haunted...* C'est une chanson sur les enfants qui grandissent. Je l'ai toujours trouvée pétillante. Là, elle était juste émouvante. Plus encore.

Poignante.

Retour à la fenêtre : tout avait changé. Les morceaux de ciel orange avaient dérivé, façon tectonique des plaques. Il y en avait partout, dans tous les coins, des fragments roses ou orange tellement lumineux que les enseignes que j'apercevais au coin de la rue se faisaient oublier.

J'ai ouvert la fenêtre, enjambé le rebord pour m'asseoir. Du haut de mon perchoir, je voyais à gauche jusqu'au périph', et à droite jusqu'à la rue Salengro.

L'air chaud d'un soir d'été semblait sortir du goudron, de la pierre des maisons.

J'ai pensé à tous les gens qui pouvaient voir la même chose que moi, au même instant. Les gens dans leurs voitures, sur le périphérique, qui rentraient du boulot. Les mémés dans leurs studios qui délaissent cinq minutes la finale de *Questions pour un champion* pour s'approcher de la vitre... Un spectacle pareil, on pourrait croire que ça va être payant et réservé à l'élite. Eh ben non, même pas. Inutile d'aller au Club Med ou à Honolulu. Ce soir-là, il suffisait de rester au Kremlin-Bicêtre ou à Villejuif, ou à Ivry, et de regarder vers l'ouest.

Tout à coup, j'ai pensé à mes parents, quelque part en Corse, tous les deux, tout seuls, je ne sais où. J'ai pensé à Alice dans sa colo bretonne. À la façon dont elle m'avait dit : « Tu pourrais m'écrire, s'il te plaît ? ». J'ai pensé à Mamie, chambre 432. À ses yeux embués qui fixaient la fenêtre pour éviter de me regarder, quand elle parlait de Papy. Et devant mes yeux, les plaques roses continuaient à dériver, lentement. Chacune de son côté.

J'ai eu un moment de panique.

Je suis retourné monter le son, encore plus fort. Revenu à la fenêtre.

Ça ne s'arrangeait pas du tout. Chaque nuage éclairé de rose était comme une île où je voyais leurs visages. Tout à coup, j'ai entendu le rire d'Alice, sa façon de pouffer quand je l'appelle princesse Playmobil. J'ai revu le sourire en coin de Mamie quand elle gagne au rami en trichant. J'ai senti l'odeur des dimanches, quand toute la famille s'est levée tard et qu'on termine nos céréales tandis que ça sent déjà les frites, quand ma mère quitte la salle de bains en laissant derrière elle un parfum de savonnette.

J'allais crever étouffé. Prêt à faire le 15, si ça devait continuer.

La musique ne suffisait plus.

J'aurais pu aller chercher une clope de Mamie dans la poubelle, pour me changer les idées, me donner une contenance, faire un truc viril et complètement con, mais je n'étais pas sûr que ça arrangerait mes affaires. Je ne suis pas fumeur et la perspective de vomir tripes et boyaux en inhalant ma première Marlboro ne me disait rien. Alors j'ai appuyé ma tête contre les volets, j'ai senti la peinture écaillée me poudrer les cheveux. J'ai ouvert la bouche comme pour prendre l'air, et puis tout à coup, j'ai craqué.

Jusqu'à ce que toutes les plaques roses aient disparu, jusqu'à ce que le ciel soit enfin d'un bleu d'encre, j'ai tout lâché. Je ne pouvais plus m'arrêter.

18

Évidemment, la nuit qui a suivi, j'ai dormi comme un bébé.

Dès mon réveil, j'ai rampé jusqu'à l'ordinateur : j'ai mis un album des Buzzcocks à fond la caisse et je suis parti prendre une douche.

Pendant que je laissais couler l'eau froide (l'eau chaude est très longue à venir ; pour une raison que j'ignore, elle traverse toute la maison jusqu'à la salle de bains par des tuyaux qui font des coudes idiots), je me suis regardé dans la glace embuée. De la veille, il me restait des traces assez semblables à celles d'une gueule de bois. Les yeux gonflés, le visage rouge, on aurait dit Mickey Rourke après injection de Botox.

Comptant sur le froid qui resserre les vaisseaux sanguins, je me suis décidé à passer sous la douche où l'eau chaude n'était pas encore arrivée. J'ai eu beau patienter (en poussant des hurlements divers et variés), elle n'est d'ailleurs jamais venue. Je suis sorti de la douche, grelottant et claquant des dents.

À la cuisine, j'ai ouvert le robinet d'eau chaude, pour voir. Le chauffe-eau est dans la même pièce ; en principe, on n'attend

pas. Mais au bout de deux minutes, j'ai dû me rendre à l'évidence.
Pas d'eau chaude.
Bon. Encore un dimanche qui commençait bien.

Je me suis tout de même fait griller quelques tranches de pain d'épices, m'attendant à chaque instant à ce que le grille-pain disjoncte ou que le frigo explose. Tout en regardant fondre le beurre salé que j'avais tartiné, j'ai médité deux secondes sur l'étrange loi des séries qui fait de nos vies une succession de parcs à thème. Un jour, c'est l'aventure exotique ; le lendemain, le jardin zen. On a beau ne pas croire aux astres ni à n'importe laquelle de ces crétineries divinatoires, force est de constater que parfois, avant même qu'on ne se lève (et de quelque pied que ce soit), la journée est foutue. Les gens de l'âge de Mamie ont dans ce cas-là des petites phrases du style : « Il y a des jours avec et des jours sans » ou « Ça n'est pas mon jour ».

Je me suis demandé si ce serait mon jour, un de ces jours.

Histoire de ne pas rester à me morfondre toute la matinée devant le désastre de ma vie actuelle, j'ai décidé d'aller faire un saut chez moi. Car après tout, j'avais une maison, avant d'échouer au Palais des horreurs.

Sans compter que j'avais promis à ma mère de passer tous les quatre ou cinq jours pour relever le courrier et arroser les plantes. Avec mes déboires récents, j'avais un peu négligé ma mission.

J'en profiterais pour me chercher quelques vêtements propres, ayant renoncé à laver mon linge dans la machine de Mamie dont les douze mille programmes sont symbolisés par des signes cabalistiques. On ne sait même pas comment ça démarre. À côté, la crypteuse Enigma conçue par les Allemands pendant la Seconde Guerre mondiale a l'air d'un jouet premier âge.

Une demi-heure plus tard, je me suis retrouvé à Ivry.

Quand la clé a tourné dans la serrure, des sentiments contraires se sont emparés de mon âme en perdition. D'un côté, le bonheur de retrouver mon foyer, doux foyer. De l'autre, la crainte légitime de constater qu'il avait brûlé dans l'intervalle, ou subi un dégât des eaux, ou qu'il était squatté par une famille de réfugiés de douze personnes dont un unijambiste, que je n'aurais pas le courage de chasser.

À ma grande surprise, tout semblait intact. Sauf, peut-être, le grand ficus du salon qui donnait des signes de dépression. J'ai ramassé ses feuilles jaunies et je suis revenu l'arroser, ainsi que trois autres plantes que ma mère avait mises dans la salle de bains pour qu'elles aient plus de lumière, et qui en avaient profité pour étendre des tiges dans toutes les directions. Comme quoi, ça n'était pas la crise pour tout le monde...

La vision du lavabo de la salle de bains, garni de gants de toilette racornis et de savonnettes kitschissimes fabriquées par ma sœur (c'est moi qui lui avais offert le kit *Ma fabrique de savons* pour ses dix ans), m'a attendri plus que de raison. Sur la tablette devant la glace, une collection de flacons de parfum à moitié vides[20] et un tube de mousse à raser abandonné par mon père, dont je n'osais même pas soulever les capuchons, de peur que l'émotion idiote de la veille me revienne. Sous l'étagère, une brosse à dents rose pendait comme une chauve-souris, grâce à sa ventouse. Il y avait un petit koala dessus, et ses poils semblaient soufflés par une explosion nucléaire. C'était la brosse fétiche d'Alice, à laquelle elle avait renoncé pour le temps de la colo, et qui l'attendait en prenant la poussière, tel un doudou abandonné.

---

20 « À moitié pleins », diront les optimistes. Mais ils n'ont pas vu ce qui reste dans les flacons de ma mère. Alors, camembert !

Dans ma chambre, j'ai été envahi de nostalgie en regardant mes posters aux murs, mon lit bien fait (rien à voir avec cette sorte de nid de tissu informe où je dors depuis que Mamie est à l'hosto)...

Sur mon bureau, une pile de revues musicales : *Magic*, *Rock & Folk* et le numéro de juillet des *Inrock*. Une boîte d'archivage pleine de mes cours de français de première où, aussitôt après le bac, j'avais écrit au marqueur : FUCK MARIVAUX (tout ça parce que j'étais tombé sur lui à l'oral du bac, le pauvre vieux). Un livre de Noam Chomsky, *La Doctrine des bonnes intentions*, emprunté à la médiathèque. Ça m'a rappelé comment, pendant toute l'année, j'avais énervé mon prof d'éco en parlant de propagande impérialiste américaine et de manipulation des médias. Ah... C'était le bon temps ! Et dire que l'an prochain, je n'aurais plus le même prof ! Rien que de penser à ses commentaires rageurs sur mes copies, j'en avais le cœur brisé.

Dans mon armoire, j'ai récupéré quelques T-shirts propres qui sentaient bon. J'ai fermé les yeux pour les respirer, comme dans une pub pour la lessive.

Au lieu de champs de lavande à perte de vue, je voyais ma mère en train de repasser devant la télé, s'énervant toute seule devant les émissions de téléréalité (« Mais pourquoi ils nous montrent ça ? C'est obscène, et en plus on s'en fout ! ») et moi, lui expliquant qu'il ne fallait pas regarder si elle n'aimait pas ça. Et alors elle me répliquait invariablement :

– Faut bien que j'aie de quoi discuter avec les clients...

Et on se prenait la tête tous les deux pendant dix minutes. Moi, j'essayais de la convaincre qu'on pouvait parler d'autre chose avec une dame qui vient se faire couper les cheveux, que de *La ferme des célébrités* ou de *La nouvelle star*.

– Mais, Max, de quoi tu veux que je leur parle ? Des cours de la Bourse, des traders, des élections cantonales ?

Ma mère aime bien me laisser croire qu'elle trouve ma matière préférée complètement débile. Elle fait partie de ces gens qui pensent qu'étudier les sciences sociales est une perte de temps. À mon sens, des moutons qui préfèrent ne pas savoir comment ni pourquoi on leur tond la laine sur le dos, du moment qu'ils ne sentent rien.

En principe, je quittais la pièce en débranchant son fer à repasser, ou en éteignant la télé. Elle se mettait à hurler, me coursait jusque dans ma chambre avec une chemise froissée qu'elle me jetait à la tête en me commandant de continuer le repassage. Vu que les chemises étaient à mon père et qu'il n'était pas trop regardant, je me contentais de les plier proprement. De toute manière, depuis que j'avais repassé une de ses nuisettes en nylon qui avait fondu comme un chamallow, ma mère n'espérait pas *sérieusement* que je prenne sa relève.

Je suis revenu à moi, un peu sonné.
Qui eût cru qu'un jour, j'aurais la nostalgie des prises de tête avec ma mère ? Pauvre de moi ! J'ai fourré mes affaires dans un sac de sport, et refermé la porte de ma chambre avec un soupir.
Sur l'ordinateur familial, j'ai débranché la webcam. Encore une prise de guerre que je comptais ramener chez Mamie. Enfin, j'ai fait le tour des placards à provisions, embarqué des spaghettis, des conserves d'épinards (j'ai une passion pour les épinards, presque aussi mystérieuse aux yeux de ma famille que celle pour l'économie) et des paquets de petits beurre.
Avec ça, j'étais prêt à revenir au Kremlin.
J'ai pris le bus pour rentrer. En traversant Ivry, j'ai regardé les immeubles défiler, les rues, les trottoirs, les voitures, les têtes des gens de toutes les couleurs, tous ces gens qui n'étaient pas en vacances, pour qui on n'était pas dimanche, ces gens qui allaient et venaient, toujours en train de travailler ou depuis longtemps désœuvrés.

J'ai pensé à Pika qui s'occupait de leurs gamins, qui leur offrait de la pelouse et des ballons de baudruche, et son trip solidaire m'a paru moins nunuche que la veille.

À mon retour, Pika était connectée sur SpaceBook®.
Normal, c'était son jour de repos. On avait tout le temps de se parler, aujourd'hui.
Je ne sais pas dans quelle optique elle était revenue vers moi. Était-ce uniquement pour me donner la recette de la moussaka, ou pour régler quelques arriérés de compte ? Les remarques vachardes sur ma vie de *no-life*, j'en avais ma dose.
Il était temps de faire vraiment connaissance.
Et, pour ça, quoi de mieux qu'une bonne série de Défifous ?
Les Défifous, c'est un jeu que j'ai inventé il y a trois siècles et demi avec Kévin, quand on s'ennuyait en cours. Ça consiste à mettre l'autre au défi d'établir une liste quelconque, de mettre un nom sur quelque chose ou de citer quelqu'un. Bref, une sorte de test de personnalité et de connaissances improvisé, tous azimuts. Exemple : trois choses bleues, les livres que tu liras quand tu seras vieux, la meilleure façon de mourir, un film pas débile avec Jennifer Aniston, le morceau de musique que tu peux écouter le plus fort, ton meilleur souvenir d'école, à quoi tu penses le plus souvent sous la douche, ton hypermarché préféré...
À condition que Pika accepte de jouer le jeu, on en avait pour la journée. Par précaution, j'ai même programmé une alarme à quatorze heures sur l'ordi, pour me rappeler de manger avant d'aller voir Mamie.

Ça a commencé gentiment, au début.
J'avais posté depuis quelque temps ma playlist *fighting spirit*, celle qui m'aide à tenir le coup en ce moment. Mon Prozac

musical, sans ordonnance, qu'on pouvait écouter d'un clic sur un lecteur audio. Histoire de la harponner, je lui ai demandé de choisir dans cette liste la chanson avec laquelle elle voudrait passer la journée.

Elle a opté pour *Ulysses*, de Franz Ferdinand. Excellent choix. C'est une chanson que je me chante souvent.

Pika : Tu chantes, toi ? C'est bien, les gens qui chantent. Ça me rassure.

Pr Moriarty : Mon entourage a plutôt l'air de trouver ça inquiétant ☺

Pika : Ce que je veux dire, c'est que la plupart des gens ne chantent jamais, sauf sous la douche, paraît-il. Ils ont l'air d'avoir honte.

Pr Moriarty : T'as déjà essayé de chanter en nageant ? Rien que d'y penser, je me noie.

Pika : ☺ T'es bêêêeeeeete. Moi, maintenant, je chante avec les gamins du centre aéré, ça m'éclate. On devrait tous chanter, non ?

Pr Moriarty : Euh... T'as fumé la moquette au petit déj ?

Pika : Pourquoi ?

Pr Moriarty : Tu sonnes complètement *baba cool*, là. Tu vas finir instit, à ramasser des marrons pour les mettre dans des bocaux de confiture peints à la gouache.

Pika : lol. Qu'est-ce que t'as contre les instits ?

Pr Moriarty : Rien, à part qu'ils font des infarctus...

Pika : ^^

Ça n'était pas du meilleur goût, c'est vrai.

À ce stade de la compétition, soit je me retranchais derrière un bon vieux : *Laisse tomber*, soit je crachais le morceau. Après tout, je n'avais rien à perdre en avouant que j'étais coincé chez une mamie hospitalisée : je n'avais jamais prétendu être un *success boy* qui se la coule douce à Miami. J'ai déjà dit que mon esprit n'était pas capable de demi-tours.

Pr Moriarty : Voilà, j'avoue tout : ma grand-mère est instit. Enfin, à la retraite. En ce moment je suis chez elle, au Kremlin. J'étais censé passer mes vacances avec elle. Sauf que... Elle a fait une crise cardiaque et là, elle est à Bicêtre en soins intensifs.

Pika : ☹ Brrrr... Bonjour les vacances ! C'est horrible !

Pr Moriarty : Je suppose qu'on peut voir ça comme ça. Enfin, elle est encore vivante et moi aussi donc. Techniquement, y a pas mort d'homme.

Pika : T'as le moral, toi... Moi, ça me foutrait en l'air, un truc pareil ! Et t'es tout seul pour affronter ça ?

« Affronter » ? Comme elle y allait. À l'entendre, c'était la bataille de Stalingrad.

Pr Moriarty : Tout seul, comme un grand.

Pika : T'as personne d'autre, comme famille ?

Pr Moriarty : Si, j'ai une femme et deux gosses. Mais en ce moment, elle fait le trottoir et les gamins mendient.

Pika : ^^ Pourquoi t'es agressif, d'un coup ? Si c'est de l'humour, c'est pas drôle. Tu peux faire mieux que ça. Je te demandais juste si t'étais seul chez ta grand-mère, c'est tout. Mais t'es pas obligé de me répondre. Si ça te gêne...

J'allais lui dire que c'était elle qui prenait un ton agressif, là. Mais mes doigts ont survolé le clavier sans s'y poser.

Je me suis retrouvé en train de faire tourner ma chaise de bureau de droite à gauche, essayant de démêler le pourquoi du comment on en était arrivés là. Qu'est-ce qui me gênait, après tout ? Sinon l'impression curieuse que j'étais en train de laisser quelqu'un entrer dans ma vie, quelqu'un que je ne connaissais pas, que je n'avais jamais vu. Quelqu'un qui, très certainement, ne me voulait que du bien.

Mais moi, est-ce que j'étais prêt à ce qu'on me veuille du bien ?

La question qui tue.

Tout à coup, la pensée que Pika, lassée de mon silence, de mes sautes d'humeur et de mon humour *borderline*, allait se déconnecter, brutalement m'a effleuré. Et elle m'a paru insupportable, cette idée.

Mes doigts se sont posés sur le clavier et j'ai tapé des mots à toute allure, comme on crie dans le dos de quelqu'un qui va partir :

Pr Moriarty : Excuse-moi. Reste encore un peu. Sinon, je serai vraiment tout seul.

19

La surprise de Pika s'est traduite par une longue série de ^^.

Je l'imaginais, derrière son écran, en train de faire tourner sa chaise en se grattant l'oreille, exactement comme moi.

Mais elle n'était pas moi : c'était une fille, d'un an de plus que moi, qui faisait des études de psycho et du bénévolat humanitaire, et qui se détendait les samedis soir en se trémoussant à des concerts de la nouvelle scène française avec sa bande de potes rastas-junks. Bref, le contraire de moi. Mon antonyme.

Qu'on s'affronte façon *Choc des Titans*, après tout, c'était inévitable. L'étonnant, c'était plutôt qu'on ait réussi à aller jusque-là. Qu'on ait pu se faire quelques confidences, parler de nous, à travers nos goûts et nos couleurs – dont on savait bien, pourtant, qu'on ne discute point, comme dit l'adage.

Une icône clignotante m'indiquait que Pika était toujours en ligne. Perplexe, ou peut-être occupée à une autre conversation, elle n'avait pas quitté la partie. Il était temps de relancer la conversation. Mais la seule chose qui me semblait importante désormais était de comprendre comment elle et moi avions pu croire, l'espace d'un instant, qu'on pourrait devenir amis. Ne serait-ce que sur SpaceBook®. Peut-être avait-elle uniquement voulu voir augmenter sa *friendlist*... Dans ce cas, ça n'avait pas de sens.

Nous n'avions rien à faire ensemble, et puis c'est tout. C'était une erreur d'aiguillage.

Pr Moriarty : Je voudrais comprendre pourquoi tu m'as invité sur ton profil.

Pika : Pourquoi tu me demandes ça ?

Pr Moriarty : Je sais pas, je me dis juste qu'on a vraiment pas grand-chose en commun, ou bien ?

Pika : Si ça t'emmerdait, tu n'étais pas obligé d'accepter, ou bien ?

Typique. Répondre à une question par une autre question, c'est un truc vieux comme le monde. Si elle voulait la jouer comme ça, j'avais de quoi tenir un moment !

Pr Moriarty : Ton vrai nom, c'est quoi ?

Pika : Et le tien ?

Je recommençais à sourire. C'est là que je me suis aperçu que depuis tout à l'heure, j'avais la tête chaude et le souffle court, comme si ma vie était en jeu.

Pr Moriarty : Comme photo, t'as rien d'autre que ton avatar de Pokémon ?

Pika : Et toi, un photomaton flou où on voit que des cheveux ?

Pr Moriarty : Pourquoi est-ce que j'ai toujours l'impression que tu te fous de ma gueule ?

Pika : Je me fous pas plus de toi, que toi de moi.

Pr Moriarty : J'arrive pas à savoir si tu m'énerves un peu ou beaucoup. Si je te déteste ou pas. J'arrive pas à comprendre pourquoi on se parle. J'arrive à rien.

Pika : Pourquoi il faudrait absolument arriver quelque part ? Ton problème, c'est que tu fonctionnes en mode binaire. Comme un ordinateur.

Pr Moriarty : Pitié, arrête de faire de l'analyse sauvage. C'est insupportable.

Pika : Tu vois que c'est toi qui me lattes.

Pr Moriarty : On va pas jouer à « Qui c'est qu'a commencé ». C'est l'œuf ou la poule, ce truc-là ! Ça me rend fou.

Pika : En fait, tu détestes perdre le contrôle. Et tu vas me haïr d'avoir dit ça.

Pr Moriarty : Je ne te hais point.

Pika : Tiens, ça me rappelle quelque chose... ☺

Soudain, une sonnerie stridente a retenti.

Ça a résonné dans toute ma chambre et Hector, qui roupillait sur mon lit, s'est enfui ventre à terre comme si c'était la fin du monde. J'ai moi-même sursauté, avant de comprendre qu'il ne s'agissait que de l'alarme que j'avais enclenchée sur mon PC.

Il était 14 heures.

Pour la première fois depuis le début des festivités, je me suis demandé si j'irais voir Mamie à l'hôpital. Après tout, on était dimanche... Jour du Seigneur, trêve des confiseurs. Mais rien que de l'imaginer toute seule dans la chambre 432 à regarder les nuages défiler, j'ai eu un pincement au cœur.

Pr Moriarty : Finalement, c'est moi qui m'en vais... C'est l'heure de ma visite à l'hosto.

Pika : Tu y vas tous les jours ?

Pr Moriarty : Ben oui.

Pika : Au fond, t'es un gentil, non ?

Pr Moriarty : Tu recommences à m'insulter ? ☺

Pika : Macho, va.

Je suis parti à Bicêtre à pied, le temps de me faire un sandwich que j'ai mangé dans la rue. Je me sentais léger, mais secoué.

Exactement la même impression qu'en descendant d'un manège à la foire du Trône.

Un beau soleil s'étendait sur la banlieue.

À l'hôpital, une atmosphère quasi festive s'était emparée des lieux. Les allées bordées d'arbres de la cour de Sibérie, le long du bâtiment de la pédiatrie, voyaient passer des groupes animés. On venait fleurir les jeunes accouchées et couvrir de gâteaux les mémés diabétiques. *Un dimanche à l'hôpital* : tiens, ça sonnait bien ! Ça pourrait faire un titre de chanson dans le style qu'apprécie Pika... Bon.

Il allait falloir arrêter de penser à elle tout le temps, comme ça, sous tous les prétextes. Ça devenait du grand n'importe quoi.

Je ferais mieux de me concentrer sur les problèmes du jour qui, comme d'habitude, ne manquaient pas. Je menais tout de même les vacances les moins ennuyeuses de ma génération.

Au moment où j'entrais dans la chambre 432, une dame d'un âge certain en sortait, accompagnée d'un homme en blouse blanche.

– Tenez, c'est justement son petit-fils, dit la dame en me désignant de l'extrêmité de son menton, où frisait un poil.

La blouse blanche est allée à ma rencontre.

– Ah, mais c'est un grand jeune homme ! a-t-il lancé, comme s'il espérait rencontrer Mimie Mathy et que mon mètre quatre-vingts contrariait ses projets.

Je lui ai serré la patte, essayant d'y mettre autant de virilité que nécessaire pour m'accorder avec l'impression générale. Mais j'ai eu la surprise de rencontrer une main douce et un peu molle, de mauvais aloi. Mon père dit toujours qu'une main molle est un signe de paresse et d'hypocrisie : si c'était vrai, la poigne de ce toubib suffisait à alerter le Conseil de l'ordre.

– Je suis l'interne de service, me dit-il, je m'appelle Étienne. Madame m'a dit que vous veniez tous les jours...

Je me suis retourné vers la *madame* en question, stupéfait. Qui était-elle ? Une sorte d'espionne qui, depuis huit jours, se cachait entre deux portes coupe-feu d'hôpital pour me voir vaquer auprès de Mamie ? En y regardant de plus près, c'est vrai qu'elle ressemblait vaguement à miss Marple.

– Je m'appelle Monique. Je suis une amie de Lisette, du club de bridge ! Lisette m'a téléphoné hier... Quel choc ! Je n'aurais jamais cru qu'elle nous ferait une attaque ! Et toi, mon pauvre grand ! Quand je pense que c'est toi qui t'occupes de tout depuis plus d'une semaine ! Mais maintenant, ça va aller, on va prendre le relais, tu sais... Je vais revenir demain avec une amie...

À l'idée de voir la chambre 432 transformée en annexe du club de bridge, l'interne en cardio a fait la grimace.

– Merci, ai-je bredouillé.

Étienne m'a pris par le coude et s'est éloigné de quelques pas, adressant à Monique un sourire un peu grimaçant. Elle devait le saouler depuis un bon moment. Il m'a entraîné, tandis que Monique quittait le service cardio en m'adressant de petits signes de la main.

– Votre mamie Lisette, c'est vrai, est très dynamique. Elle a beaucoup de présence d'esprit, c'est quelqu'un de cultivé, qui a le sens de l'humour...

Je le regardais, essayant de comprendre pourquoi il me vantait Mamie comme s'il avait l'intention de la vendre sur eBay.

– Mais elle est très affaiblie par son infarctus et par les conséquences de sa commotion. Il va falloir la surveiller avec attention, quand elle sortira. Or, nous avons essayé de joindre vos parents depuis plusieurs jours...

Là, je me suis senti devenir tout blanc.

– Votre grand-mère nous a dit qu'ils étaient en Corse, sur le GR 20 : nous avons essayé de contacter les refuges sur le parcours, mais sans succès...

Il s'est tu, laissant planer un doute épais qui m'a entouré la gorge comme une écharpe en pure laine.

– Peut-être que nous sommes mal tombés. Peut-être aussi que vos parents sont sortis du GR 20 et ont choisi un autre hébergement...

J'étais en train de tirer au sort dans ma tête entre l'hôtel club 5 étoiles et la grotte d'un ours qui les aurait capturés comme le yéti avec Chang dans *Tintin au Tibet*. En tout cas, je me sentais pâlir de plus en plus. Un teint de Dracula du meilleur effet.

– Dans l'attente, nous avons aussi essayé de contacter son autre fils, qui vit dans l'Oise... Christian, c'est ça ?

Là, j'ai entamé les nuances de vert.

Tonton Christian est aux abonnés absents depuis des années. Il traîne ses ratages professionnels et affectifs comme des boulets et ne se manifeste auprès de Mamie que pour réclamer une petite aide financière de temps en temps. Je n'avais même pas pensé à le prévenir de l'accident cardiaque. Je l'avais tout bonnement zappé. Cette carte avait glissé de mon jeu des 7 familles.

– Votre oncle semble tout aussi difficile à joindre. Bref, il serait bon que votre grand-mère puisse poursuivre sa convalescence chez elle, dans quelques jours. Mais nous serions plus rassurés si ses fils la prenaient en charge...

– Mais je peux la prendre en charge, moi aussi.

– Et vous avez quel âge ?

– Dix-sept ans.

L'homme aux mains molles a caressé son menton d'un air pensif.

– C'est un souci, a-t-il répété, c'est un souci. Il faudra cependant prendre une décision. J'insiste, mais si vous avez un moyen quelconque de joindre vos parents pour leur demander de rentrer à Paris, ce serait préférable...

– Je vais essayer, ai-je promis, tout en me demandant de quelle façon je pourrais bien les joindre, sinon par télépathie.

Quand je suis entré dans la chambre 432, Mamie était assise en tailleur sur son lit en train de feuilleter un *Géo*. Elle a dressé la tête comme si j'allais lui annoncer les résultats d'un match important.

— Alors, qu'est-ce qu'il t'a dit ?

Pas la peine de lui cacher ma conversation avec l'interne : son radar surpuissant en avait sans doute capté des bribes.

— Il pense que tu devrais bientôt rentrer à la maison.

— Épatant !

— Oui, mais… Ils attendent d'avoir des nouvelles des parents. Ils ont essayé de les joindre, sur le GR 20 : on dirait qu'ils ne sont jamais arrivés dans les refuges qu'ils avaient réservés avant de partir…

Là, Mamie m'a regardé d'un air grave, soudain muette. Puis elle a pris une grande bouffée d'air, comme un nageur qui s'apprête à se jeter du grand plongeoir.

— Ne t'inquiète pas. Ils ont dû quitter le GR 20, ou bien ils ont du retard sur leur itinéraire…

— Peut-être qu'on peut dormir ailleurs que dans les refuges du parcours balisé.

— Possible… Bon, encore une fois, Maxime, ce n'est pas ton problème. Tu ne peux pas tout porter sur tes épaules. Et puis, ils doivent rentrer dans une semaine. D'ici là : « Pas de nouvelles, bonnes nouvelles », comme on dit. Il faut se raccrocher à ça.

J'ai eu envie de lui avouer que, depuis quelques minutes, je ne me raccrochais plus à grand-chose. J'étais en gravité zéro.

Il était temps de lui faire part du deuxième scoop de la journée, dont je ne savais pas encore s'il constituait une bonne ou une mauvaise nouvelle :

— Tu sais, les médecins ont essayé d'appeler Christian…

— Hein ? Tu veux rire ?

Elle s'est redressée dans son lit, de l'air de quelqu'un qui n'a pas envie de rire du tout.

— Comment ont-ils fait ? Je ne leur ai pas donné son numéro !

— T'es sûre ? Si ça se trouve, ils te l'ont arraché dans un moment de faiblesse, quand t'étais shootée à l'oxygène.

— Mais Maxime, tu ne comprends pas ! Le numéro de Christian, je ne l'ai pas ! Il en change tout le temps, parfois il me donne de vieux numéros de portable non attribués... Et il n'appelle jamais. Je ne l'ai pas vu depuis deux ans, tu te rends compte ?

Deux ans sans se voir... Le moins qu'on puisse dire, c'est que ce cher tonton n'était pas hanté par l'esprit de famille.

— Ils ont sûrement fait des recherches, je ne sais pas, moi... Après tout, ils ont internet, comme tout le monde.

— Tu crois ?

Mamie avait l'air perdue, tout à coup. Plus rien à voir avec la maîtresse femme qui m'assénait tout à l'heure un *Pas de nouvelles, bonnes nouvelles*, moulé dans le béton de l'optimisme. Visiblement, avec Christian, on touchait son point faible. Le défaut de la cuirasse.

Il fallait se reprendre.

Depuis le début, on avait une sorte d'accord tacite, avec Mamie : pour le bien de tous, nous avions décidé que nous étions assez forts et courageux pour tenir les autres à distance de nos déboires. On restait dans la ligne de conduite de la famille Mainard, qui aurait pu se résumer à la devise de Cyrano : *Pas bien haut, peut-être, mais tout seul*. Si les blouses blanches et Christian mettaient leurs nez dans nos petits arrangements, tous nos efforts seraient réduits à néant. Je sentais déjà leur sollicitude tomber sur nous comme une chape de plomb – encore que je n'aie aucune idée de ce qu'est une chape de plomb, ni à quoi ça sert.

Je refusais d'imaginer pour l'instant que mes parents aient pu se volatiliser dans la nature. Après tout, tout ne pouvait pas aller mal tout le temps, non plus. Ou alors, sans moi. Depuis ma crise de nerfs la veille dans cette même chambre 432, je me sentais libéré d'un poids. Prêt à reprendre le combat.

J'ai essayé de trouver un dérivatif.

— Dis donc, Mamie. T'as pas une adresse de plombier, à part ça ? Il n'y a plus d'eau chaude à la maison.

— Ohh...

Mamie a poussé un tel gémissement que j'ai bien cru qu'elle repartait dans la quatrième dimension. Mais bon, deux fois en deux jours, elle ne pouvait pas me faire ça.

— Encore ce chauffe-eau qui fait des siennes ! Il faudrait que tu rappelles Marcello.

— C'est ton plombier ?

Mamie a haussé les épaules et les sourcils d'un air accablé.

— Mais non, c'est mon amant.

J'ai éclaté de rire.

— Génial. Bon, tu me fileras le numéro, hein ? Et puis, y a un autre truc : j'aime pas réclamer, mais... Pour payer le plombier, il faudrait que tu me laisses un chèque. Parce que moi, je commence à être à sec...

— Oh, Maxime, mais pourquoi tu n'as rien dit ? J'avais complètement oublié de te donner de l'argent ! Comment tu fais, depuis huit jours ?

— Ben, le *bizness*, quoi ? Je deale un peu, mais le crack, ça prend pas au Kremlin, c'est bizarre.

Mamie a lâché un éclat de rire brusque, puis s'est penchée pour attraper son sac à main. Elle a farfouillé un bon moment, puis s'est retournée vers moi, catastrophée.

— Maxime, je n'ai pas de chéquier ! J'y pense maintenant, la banque m'a envoyé un nouveau chéquier par la poste avant que tu n'arrives. Il doit encore être dans ma chambre...

— Impec', je vais le retrouver, si tu me dis où.

— S'il n'est pas sur mon bureau, il est dans le tiroir en dessous. Tu signeras à ma place...

Damned. J'avais oublié ce détail archaïque. J'ai plus l'habitude des *logins* que des signatures.

— Tiens, en attendant, prends ça, me dit-elle en me tendant un billet de vingt euros exhumé de son porte-monnaie.

— Non, mais attends, Mamie. C'est pas la peine. Je t'assure, je me débrouille.

— Mais comment, avec quoi ? Je t'assure, mon grand, si j'avais su ! Mais comment j'ai pu oublier de te donner de l'argent ? Je ne sais pas ce qui m'est passé par la tête...

— Un faisceau laser. Ça s'appelle un scanner, je crois.

— Sois un peu sérieux deux secondes. Tu as fait des courses ? Tu te fais à manger ? Et moi qui te donne vingt euros ! Mais qu'est-ce que tu vas acheter avec ça ? Même pas de quoi te payer trois pizzas !

J'étais surpris de constater que Mamie était avertie des tarifs pratiqués par la pizzeria au coin de sa rue... Néanmoins, je l'ai arrêtée d'un geste, tel l'empereur Auguste :

— Halte là. Figure-toi, chère ancêtre, que je ne m'achète pas des pizzas. *Je cuisine.* Parfaitement.

Elle a ouvert un large bec, comme disait La Fontaine, et puis plus rien. Je me suis engouffré dans la brèche :

— Je fais de la moussaka. Enfin, presque. Et puis des döner-kebabs maison. Bon, pour l'instant, c'est plutôt de la *world-cuisine*, je te l'accorde, mais je ne désespère pas de me lancer dans quelque chose de plus *frenchie*, à l'occasion.

— Mais... comment tu fais ? Tu suis des recettes ?

— Tsss... Pas la peine. J'ai l'instinct, qu'est-ce que tu veux. C'est comme ça. Ça a dû sauter une génération. Je prends des ingrédients qui m'inspirent, et hop ! Ah, au fait, il faut que je te dise, quand même, tes oignons sont un peu périmés...

— Quels oignons ?

– Ceux que j'ai trouvés dans le cellier. Franchement, ça a failli me gâcher mon kebab. Enfin, moi je dis ça, je dis rien… C'est tes oignons.

Tout à coup, j'ai vu Mamie devenir toute pâle, et puis aussitôt ouvrir la bouche comme si elle avait besoin d'un maximum d'oxygène. J'étais à deux doigts de sauter dans le couloir à la recherche de l'interne aux mains moites, lorsque Mamie a explosé. Elle a poussé un cri, et puis elle s'est mise à se marrer comme une tordue, les deux mains sur la bouche et les yeux écarquillés dans ma direction, comme si j'avais un truc désopilant sur le front.

C'était agaçant.

J'ai dû patienter le temps qu'elle reprenne son souffle. J'avais beau répéter «Quoi ? Quoi ? », comme une grenouille, elle secouait la tête en ricanant sans répondre. Au bout d'un moment, elle s'est détournée pour chercher sur sa table de chevet son paquet de mouchoirs. Elle riait-pleurait tellement qu'elle ne le trouvait pas, mais je n'ai pas levé le petit doigt pour l'aider. J'attendais, drapé dans ma dignité.

– Mais Maxime ! a-t-elle enfin lâché. Dans le cellier, c'est pas des oignons ! C'est des bulbes de tulipe !

20

Le lundi matin, tout en trempant d'une main des biscottes dans mon café au lait, j'écoutais *Message in a bottle* de Police mélancoliquement, déplorant la pénurie de pain d'épices. De l'autre main, la droite, je m'entraînais à imiter la signature de Mamie. Elle m'en avait laissé un exemplaire sur une feuille, à côté du numéro de son super-plombier.

Au bout de la quarantième signature, j'ai déclaré que ça suffisait. De toute façon, je n'avais plus de place.

Je me suis levé pour débarrasser la table et faire la vaisselle de la veille. Car veille, il y avait eu.

Bien résolu à prouver au vaste monde que je pouvais cuisiner autre chose que des fleurs, j'étais passé acheter des poivrons, des courgettes et une aubergine à l'épicerie arabe du coin de la rue de Fontainebleau, celle qui ouvre même le dimanche, et j'avais improvisé une ratatouille avec mes tomates. Je me sentais comme un certain rat de dessin animé. Malgré un dérapage contrôlé avec les herbes de Provence (je ne savais pas que ça tomberait d'un coup en secouant le flacon de Ducros...), j'étais assez fier de moi. Mais à la fin de mon film, pas de critique gastronomique pour pleurer de bonheur devant son assiette. J'étais mon seul juge, et je me suis donné 9/10[21].

J'avais ensuite passé la nuit avec Pika, si j'ose dire, à parler de tout et surtout de rien, dans des sessions de clavier entrecoupées d'écoutes musicales à fond les gamelles, imposées par ses fréquentes disparitions. J'ai fini d'ailleurs par deviner où elle allait quand elle réclamait une pause de cinq minutes... Je me suis retenu de la traiter de *pisseuse*, ce que je n'aurais pas manqué de faire avec Alexandra. Je trouve que je fais de gros efforts.

Ça méritait bien le droit de connaître son vrai prénom : elle a fini par lâcher le morceau à deux heures du matin ! Elle s'appelle Natacha.

Natacha Schuman. Ça, au moins, c'était son vrai nom.

Le problème, c'est que son pseudo est resté incrusté dans ma tête et sous mes doigts. Quand je pense à elle, je n'imagine pas Natacha. C'est juste Pikachu.

Non. Ce n'est pas tout à fait vrai... Mais la fille que j'imagine a des nattes brunes et des taches de rousseur, une tunique ethnique colorée et une salopette en jean : ça me paraît à peine plus vraisemblable qu'un Pokémon.

Je ne sais toujours pas à quoi elle ressemble. Je n'ai pas osé lui demander. Je ne sais même pas pourquoi. Je crois que je n'ai pas voulu lui laisser croire que ça m'intéressait. Pour ne pas la mettre mal à l'aise. Parce que j'ai peur d'être mal à l'aise moi-même, si jamais... Si jamais quoi ?

C'est compliqué, une fille. Un garçon. Tout ça. Les dindons.

J'aime encore mieux un Pokémon.

---

21 J'ai enlevé un point pour la présentation. Un gros tas de légumes bouillis, ça le fait moyen...

Bref.

Ce lundi matin, elle était repartie vers sa mission sacrée. Au programme : pâte à sel et atelier Astronomie, pour préparer la nuit des étoiles. (Je lui avais suggéré un atelier Justice pour tous, intitulé « Comment lutter contre les reconduites à la frontière », mais elle a refusé.)

J'ai appelé le plombier aussitôt après le petit déj', priant pour qu'il ne soit pas en vacances. Mais Marcello est un type qui a le sens des responsabilités : ayant livré au printemps un chauffe-eau défectueux à Mamie, il s'est dit prêt à assurer la maintenance même un lundi d'août. La classe, quoi ! Par contre, il ne passerait pas avant le milieu de l'après-midi. J'ai donc appelé Mamie pour lui annoncer que, pour la première fois depuis le début de son stage intensif à Bicêtre, il lui faudrait se passer de ma présence. Elle m'a répondu que, de toute façon, Monique et le reste du club de bridge passeraient réviser leur « code d'enchères » avec elle. Je n'y comprends rien, mais apparemment, c'est du lourd.

J'étais donc rendu à moi-même.

J'ai passé la première mi-temps à nettoyer un peu ma chambre, devenue en quelques jours une sorte de terrain vague.

J'ai changé les draps, fait le lit, débarrassé le bureau d'une couche épaisse de paperasses, d'emballages de gâteaux, de vaisselle sale. J'ai découvert au passage le pouvoir collant du sucre, qui fait tenir une cuillère dans une tasse mieux que de la super-glu. À l'avenir, je ferai des économies en amenant de la confiture au lycée pour coller mes photocopies.

Hector a assisté à tout cela depuis son couloir sanitaire. Il s'est enfui, horrifié, quand j'ai sorti l'aspirateur.

Lorsque ma chambre a repris une allure décente, j'ai retrouvé la webcam que j'avais ramenée de chez moi, et qui s'était retrouvée ensevelie en un rien de temps sous des coupures de magazines. Pas le temps, aujourd'hui, pour les cartes postales à Alice ni le message parental : j'ai branché la webcam et fait quelques réglages, de façon à pouvoir m'enregistrer sur mon lit en train de jouer de la guitare.

Comme ça, pour le fun, et pour pouvoir m'entendre et me voir en même temps, histoire de savoir si j'étais un punk fondamental ou juste un gros naze. J'ai fait deux prises. Sur la première, je m'essaye à jouer l'intro d'un morceau de Supergrass[22]. Sur la deuxième, j'improvise pendant cinq minutes.

Je ne comptais pas mettre ça en ligne, non ! C'était juste pour moi. Mais quand j'ai visionné la deuxième vidéo, j'ai craqué. On y aperçoit Hector en très gros plan, venu renifler la webcam avant de déguerpir aux premiers accords. Sa jolie truffe noire a l'air d'un groin de cochon. Une webcam, ça n'avantage pas toujours... Surtout quand l'animal lui tourne le dos, la queue levée, offrant à l'admiration des foules un trou rose du plus bel effet.

Ni une ni deux, je l'ai postée sur SpaceBook® ! Il n'y a que les imbéciles qui ne changent pas d'avis.

Kévin, qui n'avait pas encore quitté Villejuif (il devait partir en camping dans quelques jours), l'a aussitôt téléchargée sur son portable et envoyée à je ne sais qui. Dans l'heure qui a suivi, j'avais douze fans inconditionnels qui me suppliaient de mettre ma vidéo sur YouTube. De quoi alimenter ma mégalomanie latente.

On était bien partis pour un délire kévinesque.

L'image des zones impudiques du chat a relancé le débat sur sa capacité à imiter les pets. Du coup, je lui ai fait découvrir un titre de de Gainsbourg, intitulé *Evgenie Sokolov* : trois minutes de prouts mélodieux sur fond de reggae. Il a eu du mal à s'en remettre. A déclaré que Gainsbourg était un génie. A découvert

---

22 *Time*, pour ceux qui veulent savoir.

sur Google que le chanteur avait écrit un livre sur le même sujet. A décidé de se consacrer à plein-temps à la pétomanie.

Après quoi, j'ai envisagé de changer ma photo sur SpaceBook®.

Pika – je veux dire Natacha – trouvait que ça ressemblait à une photo de caniche avant son toilettage. J'ai fait plusieurs essais, commentés en direct *live* par Kévin.

Pr Moriarty : Et celle-là, t'en dis quoi ?
Sa Kévinerie : Trop golri. Je me pisse deçu.
(Kévin a une notion très approximative de l'orthographe.)
Pr Moriarty : Et celle avec un T-shirt trop petit et des lunettes ? Tu trouves pas qu'on dirait Polnareff ?
Sa Kévinerie : Wow, ça poutre ! On diré 1 mannequin vedette chez Justin Bridou.
Pr Moriarty : Justin qui ?
Sa Kévinerie : Bridou.

On était morts de rire devant nos écrans, à se rappeler les vieilles pubs à la télé pour le saucisson. Par association d'idées, Kévin a décidé de déserter les hautes sphères de l'informatique où nous voguions, pour aller se faire chauffer des Knacki-balls au micro-ondes. Il était à peine onze heures, mais une envie de Knacki, chez lui, ça n'attend pas. Surtout depuis qu'il a lu quelque part que c'est l'aliment préféré de Benoît Poelvoorde, son idole.

J'ai décidé de lui faire la surprise de sa vie, à son retour.

C'est la tête de Marc Bolan, le chanteur de T-Rex, dont j'étais en train d'écouter *Ride a white swan*, qui m'en a donné l'idée.

Je me suis précipité dans la salle de bains. J'ai farfouillé dans l'armoire de Mamie à la recherche d'élastiques. Chez nous, il y en a des tonnes, de toutes les couleurs, qui tombent de partout dès qu'on ouvre un tiroir, mais j'avais oublié que Mamie n'avait plus dix ans. Je suis descendu au cellier pour chercher des élastiques à confiture, ceux avec lesquels elle ferme le rond de cellophane sur ses bocaux.

Retour à l'étage : passage par la chambre de Mamie. Sur sa coiffeuse, une brosse à cheveux et un tube de rouge à lèvres. Formidable ! La tête penchée en avant, je me suis brossé frénétiquement les cheveux, qui se sont mis à crépiter. (Si jamais les éoliennes de la vallée du Rhône tombent en panne, qu'on m'appelle : je peux alimenter une centrale électrique avec mes cheveux.) J'ai pris deux mèches pour faire des couettes, puis je me suis assis devant le miroir.

J'étais plié rien qu'en imaginant la tête qu'allait faire Kévin en revenant devant l'écran, quand il me verrait transformé en Lady Gaga. Mais il manquait la touche finale.

Au moment où j'appliquais sur mes lèvres le bâton de rouge (« perle de corail », plus exactement), la sonnerie de l'entrée a retenti.

Évidemment, ma main a dérapé. *Fatalitas* ! J'avais un grand trait rose sous le nez.

Le plombier.
Ça ne pouvait être que lui.
Que faire ? Faire comme si je n'étais pas là ? Et s'il ne repassait plus de la journée ? Je commençais à en avoir ma claque des douches glacées... Je suis descendu, essayant de me débarbouiller avec la main. Je pensais avoir enlevé le plus gros, quand je me suis vu dans le miroir de l'entrée. On aurait dit un babouin eczémateux.
La sonnerie a repris de plus belle.
– Une minute ! J'arrive ! ai-je braillé.
Bon, allez, me suis-je dit. Courage. Ce n'est qu'un mauvais moment à passer. Marcello va se marrer cinq minutes, et puis il va aller gentiment réparer son chauffe-eau, et je lui ferai un café soluble et il me racontera que, dans sa jeunesse, il s'est déguisé

en Playmate-bunny pour le mariage à Nénesse et que même, on lui a mis la main au panier, la rigolade ! Quand on s'appelle Marcello, on en a vu d'autres. On ne s'étonne pas d'une tenue excentrique…

J'ai repoussé le verrou de la porte. Hector s'est précipité vers l'entrebâillement. J'ai ouvert franchement. Et je suis tombé nez à nez avec un policier en uniforme.

Je l'ai reconnu immédiatement.

Laszlo Carrédas. L'homme qui ne rit jamais.

21

Tel le doigt de Dieu au plafond de la chapelle Sixtine, son index s'est pointé vers moi.
Il a ouvert la bouche, sans rien dire.
J'ai fermé les yeux. Juste une seconde, des fois que ça marche, qu'il disparaisse dans les limbes du Pacifique, comme dirait l'autre.
Mais penses-tu, Nénette. Que dalle. Pas de miracle. Il était toujours là, vissé au sol, indéboulonnable.
– Vous êtes bien Maxime Mainard, le petit-fils de madame Mainard Élisabeth ?

J'ai rouvert les yeux.
Sa bouche grimaçait drôlement. Il était en train d'exercer un contrôle maximum sur ses zygomatiques. Interprétant mon mutisme pour un signe d'assentiment, il a poursuivi :
– Vous deviez vous présenter au commissariat pour régulariser votre situation. C'était il y a une semaine.

Le trou noir qui s'ouvrait dans mon esprit depuis plusieurs jours au moment de quitter la maison s'est soudain refermé. À chaque fois, j'avais le sentiment d'oublier quelque chose : c'était donc ça !

– J'ai complètement zappé. Je suis désolé. Je suis allé voir ma grand-mère tous les jours à l'hôpital. Du coup, j'y ai plus pensé.

Il a hoché la tête, la bouche pincée. Quelque chose dans son regard fuyant indiquait qu'il s'en foutait un peu.

– Je peux entrer ?

– Bien sûr !

Je me suis effacé pour lui laisser la place. Il est entré en regardant autour de lui, très professionnel, genre « j'enregistre toute la situation d'un seul plan-séquence panoramique façon *street-view* sur Mappy ». Derrick en aurait été jaloux.

Il est entré dans la cuisine, qui était la première pièce ouverte.

– Vous êtes seul ?

– Ben oui, toujours. Mamie… Euh, madame Mainard n'est pas encore sortie de l'hosto. C'est pour bientôt, à ce qu'il paraît.

– Je sais.

Ça alors ! *Tu me la coupes, Davis* ! aurait dit Kévin s'il avait été là. Et d'ailleurs il devait être sur MSN, attendant mon retour en mangeant des Knacki-balls, l'heureux garçon.

– L'administration de l'hôpital nous a demandé un coup de main. Je suis chargé de faire le point sur sa situation familiale. Ils n'ont pas envie de la laisser repartir toute seule.

– Eh ben, ils sont vachement prévenants, à l'hosto. Et vous aussi, les fl… Euh. Les policiers.

– Vous avez l'air surpris ?

J'ai failli lui demander pourquoi il ne me tutoyait plus, depuis qu'il ne me considérait plus comme un délinquant juvénile. Ce qui n'était pas sans rapport avec sa question... Mais ce n'était peut-être pas la peine, à ce stade, de jouer les rebelles et de l'énerver. Les menottes m'avaient laissé un souvenir plutôt désagréable.

— Disons que... Je me demande juste si vous faites ça pour tout le monde.

Il a froncé les sourcils. Si le verbe « se rembrunir » a été inventé, je pense que c'est pour ce genre d'occasion.

— Vous voulez dire qu'on a l'habitude de laisser les gens crever dans leur coin sans leur venir en aide ? Ou vous insinuez que c'est un traitement de faveur réservé aux grands-mères qui ont la malchance d'avoir un petit-fils travesti ?

Wow.

Je suis resté scotché. Je regardais ses dents, qu'on voyait un peu quand il parlait, comme un berger allemand. Alexandra serait tombée raide dingue de lui, c'est sûr. D'ailleurs, si on était appelé à se revoir, il faudrait absolument que je le lui présente. Elle a un faible pour les mecs qui jouent les officiers de la Wehrmacht dans les films de guerre.

Je n'ai pas cherché à lui expliquer pourquoi j'avais des couettes et les lèvres *perle de corail*. Il valait mieux pour sa santé mentale qu'il ignore l'existence de Kévin. De toute façon, il était déjà passé à un autre chapitre de mon casier judiciaire :

— Dites donc, c'est quoi, ça ?

Il brandissait sous mon nez une feuille de papier couverte d'autographes.

Quelle sale manie j'ai de tout laisser traîner ! Ma mère et Mamie me l'ont assez reproché...

— Euh... Bah, en fait, je m'entraîne. C'est parce que, pour les chèques...

Bon. Je la sentais mal, celle-là.

— Vous imitez la signature de votre grand-mère ?

– Voui... Techniquement, ce n'est pas un délit, si ? C'est juste une signature. Enfin, quarante signatures...
– Si vous vous en servez sur un chèque qui lui appartient, c'est un faux.
– Un faux chèque ?
– Un faux. Tout court.
– Et *usage de faux*.
– Ça, c'est si vous utilisez le chèque.
– Oui, mais si la personne ne peut pas signer, et qu'on signe pour elle parce qu'elle vous l'a demandé ? Hein ?

Laszlo a poussé un gros soupir. Comme un chien qui lâche son nonos.

– Si on peut prouver que la personne a donné son consentement, c'est bon.

J'ai fait un grand sourire. Mon rouge à lèvres brillait de mille feux.

– Impec', alors. Vous comprenez, c'est pour payer le plombier. On n'a plus d'eau chaude dans la maison, depuis hier.
– Montrez-moi votre chauffe-eau.

J'ai bien cru qu'il allait me demander les papiers de l'appareil. Ç'aurait été la meilleure. Mais il s'est contenté d'examiner d'un œil curieux le chauffe-eau sur le mur de la cuisine. Il a tripoté deux, trois boutons.

– Vous savez, je crois qu'il vaut mieux ne pas y toucher. Le plombier vient dans l'après-midi. Il paraît que c'est un court-circuit...

Mais je n'ai pas eu le temps de finir ma phrase. Tout à coup, l'étincelle a jailli dans le cœur de fonte, et la petite flamme s'est allumée dans son œil rouge, accompagnée du bruit caractéristique du chauffe-eau qui démarre.

– Trop fort. Comment vous avez fait ?

Il a haussé les épaules avec flegme.

– J'ai appuyé sur ON.

Mon sourire est resté paralysé.
— J'ai le même modèle, chez moi. Ils ont un starter manuel un peu capricieux. Il faut réarmer plusieurs fois. C'est rien. Je vous ai évité de faire un chèque au plombier…

De penser que je n'aurais sans doute pas l'honneur de rencontrer Marcello (que j'imaginais déjà jovial, petit et moustachu, le portrait vivant de Super Mario), j'en étais nostalgique.

Mais je me consolerais en faisant des chèques à gogo à la pizzeria du coin.

Après avoir examiné ma carte d'identité, que je suis monté lui chercher, Laszlo Carrédas a bien voulu s'asseoir un moment dans la cuisine pour m'expliquer sa mission. Je lui ai fait bouillir de l'eau, même si je me sentais un poil ridicule, en train de lui faire un café en tripotant mes couettes comme une nymphette teutonne dans un *Derrick*.

Il m'a appris que l'hôpital avait demandé à la brigade de vérifier les conditions de vie de Mme Mainard, sachant qu'elle disait vivre seule. Par la même occasion, ils avaient dû chercher parmi ses descendants une personne susceptible de veiller sur elle. C'est eux qui avaient retrouvé la piste de tonton Christian.

— Le problème, c'est que mes parents ne reviennent que dans une semaine… Et en attendant, on n'arrive pas à les joindre.

— Je sais. Nous avons essayé les refuges du GR 20, les uns après les autres. Vos parents se sont en effet rendus aux refuges dans la première partie de leur randonnée, mais par la suite, on dirait qu'ils ont quitté le GR 20. Et leur portable ne répond plus.

Je poussai un soupir à soulever des montagnes.

— Cela dit, il ne faut pas s'alarmer, ça arrive parfois, sur ce sentier… Nous n'avons pas exploré toutes les pistes. Il est possible qu'ils aient quitté le GR pour se reposer dans un village, à l'hôtel. Il reste encore les hôpitaux corses à contacter... Ne vous en faites pas, on va bien finir par les retrouver !

Le moins qu'on puisse dire, c'est que tout cela n'était guère rassurant. Laszlo Carrédas a dû voir que je tirais une drôle de tête, et il m'a adressé un sourire confiant tout en touillant son Nescafé.

Comme la veille avec Mamie, j'ai repoussé dans un coin de ma tête les pensées sordides et angoissantes qui venaient m'assaillir. Je refusais catégoriquement de me laisser envahir par l'inquiétude. Comme si j'avais su, au fond de moi et par des moyens mystérieux, que rien de *vraiment grave* n'avait pu arriver à mes parents. Je revoyais ma mère et sa liste spéciale rando : antivenin, couteau suisse et compagnie. Avec tout ça, on se sort de toutes les situations, me suis-je dit.

J'ai changé de sujet pour éviter de creuser la question.

– Vous savez, mon oncle, il est... un peu spécial, je crois. Je ne sais pas s'il sera disponible pour s'occuper de Mamie, et même, je ne sais pas s'il en est vraiment capable.

– Alors que vous, si ?

– Ben, pffff...

J'ai pris cinq secondes pour considérer la question en croisant les bras d'un air viril sur ma poitrine. (Heureusement que je n'avais pas eu le temps de me caler des faux seins comme j'avais prévu de le faire.)

– Franchement, je vais vous dire : je pense que oui. Ça ne peut pas être pire que maintenant, ou que le jour de l'infarctus. Si jamais elle a un malaise, je sais ce qu'il faut faire. Et le reste du temps, je fais les courses, les repas, le ménage, la cuisine...

On aurait dit que j'étais en train de postuler pour *Desperate Housewives*. Laszlo Carrédas a souri. Un vrai sourire, sans aucune dent qui dépasse.

– Mais vous me promettez de ne pas vous travestir quand votre grand-mère sera revenue ? Ça pourrait lui être fatal.

Je me suis marré franchement.
Tout en le raccompagnant à la porte, j'en rigolais encore. Le soulagement, sans doute.

Je me faisais la réflexion qu'Alexandra ne serait peut-être pas si intéressée que ça par Laszlo, mais que Pika, elle, pourrait très bien l'être. Elle semblait du genre à aimer les types gentils-sous-une-apparence-antipathique.

22

Quand j'ai retrouvé Kévin sur MSN, ma coiffure était quelque peu défraîchie, certes. Mais elle a tout de même fait son petit effet, et Sa Kévinerie en a roté ses Knacki-balls devant son écran. Surtout lorsque je lui ai raconté ma rencontre en *drag queen* avec le policier…

Puisque le chauffe-eau avait l'air d'être revenu à la vie, j'ai appelé le plombier pour décommander son rendez-vous. Un peu déçu, il m'a fait promettre de le rappeler si l'incident devait se reproduire, ce qui n'était guère rassurant sur la fiabilité de l'appareil. J'avais à peine raccroché que le téléphone a sonné.

Un instant, j'ai pensé qu'il s'agissait de mes parents, et mon cœur s'est mis à battre d'espoir et de crainte mêlés en proportions harmonieuses, genre 50-50.

— Allô ? a fait une voix pâteuse au bout du fil. C'est toi, Philippe ?

Philippe, c'est mon père. Depuis ma mue, il n'est pas rare que les gens confondent sa voix et la mienne au téléphone.

— Non, c'est Maxime, son fils. C'est qui ?

– Ah, Maxime... C'est Christian.

Vlan.

J'aurais peut-être dû raccrocher aussitôt. Mon père dit toujours que son frère est un velléitaire. Qu'il ne va jamais au bout de ses idées. Qui sait, peut-être aurait-il abandonné la partie ?

– Euh, bonjour. Tu vas bien ?

Instantanément, je regrettai d'avoir prononcé cette phrase, qui déclenche habituellement chez lui un flot ininterrompu de jérémiades. Mais là, il avait dû doubler sa ration d'antidépresseurs, parce qu'il m'a répondu d'un ton calme :

– Ça peut aller. Mais c'est pour Maman que je m'inquiète.

En l'entendant prononcer « Maman » comme un gamin de cinq ans, j'ai failli éclater de rire. C'est d'une voix toute guillerette que j'ai répondu :

– Oh, elle va mieux. Elle va sortir de l'hôpital bientôt.

– Ah oui, mais non ! Justement... Je viens d'appeler l'hôpital.

– Quoi ? Il y a du nouveau ?

– Bah, tu sais comment sont les médecins. Enfin non, tu ne sais pas, tu es trop jeune... Tu vois, tout ce qu'ils veulent, c'est qu'on débarrasse le plancher. La pénurie de lits, t'as déjà entendu parler ? C'est ça, l'hôpital public, de nos jours... Enfin bref, à mon avis, ils se couvrent. Ils aimeraient bien que la famille la prenne en charge, juste pour éviter des dépenses. Faut pas se laisser avoir.

Je me suis aperçu dans le miroir de l'entrée, les sourcils froncés, tel Sherlock devant une énigme corsée.

Qu'est-ce que c'était que cette embrouille ?

Mamie allait mieux, un point c'est tout. À 75 ans, elle avait quand même autre chose à faire que de moisir dans un hôpital en attendant le générique de fin.

J'ai essayé de lui expliquer mon point de vue, mais Tonton avait à chaque fois une petite phrase pessimiste pour me rappeler que les vieux ne sont pas immortels, qu'il y a des maladies contre lesquelles on ne peut pas lutter, même si on a l'air fort et dynamique, et qu'à mon âge, je ne pouvais pas me rendre compte de la gravité de la situation.

– Vu que tes parents ne sont pas là, c'est un peu moi le chef de famille, tu vois. C'est pas que ça m'enchante, tu sais, j'ai d'autres soucis… Mais bon, il faut savoir prendre ses responsabilités. Je vais demander qu'on la place dans une unité de soins pour les personnes âgées. Ce sera plus sûr.

À cette annonce, j'ai senti ma vue se brouiller légèrement. Puis mon nez s'est mis à picoter. En relevant les yeux vers le miroir, j'ai reconnu la vivante image de la fureur. On aurait dit Klaus Kinski sur l'affiche du film *Aguirre ou la colère de Dieu*[23].

– Mais tu ne crois pas que c'est un peu tôt, quand même ? Tu pourrais attendre quelques jours. Mes parents vont bientôt rentrer de Corse…

– Ben, je ne veux pas t'inquiéter, mais… Les médecins m'ont dit qu'ils étaient injoignables depuis bientôt dix jours. C'est quand même un peu louche, non ?

J'étais scié.

– Tu insinues qu'ils ont disparu exprès pour nous foutre dans la merde ?

– Euh, j'ai pas dit ça…

– Ah bon ! Parce que, pendant que tu y es, tu pourrais dire aussi qu'ils ont tout manigancé ! L'infarctus, c'est eux ! Ils ont refilé de la cocaïne à Mamie avant de partir !

– Arrête tes salades, j'ai jamais dit ça… Dis donc, t'as l'imagination délirante, toi !

---

[23] Encore un film conseillé par Alexandra. On s'est endormis devant, mais sinon, il y avait des scènes bien trash, quand même.

– C'est toi qui as le cerveau malade ! Tu vis ta vie dans ton coin, peinard, et dès que ta mère a un pépin de santé, crac, tu la colles à l'asile !

Je commençais à me sentir vachement en forme, tout à coup. Un méchant coup d'adrénaline.

– Eh dis donc, je n'appelais pas pour me faire insulter par un gamin de quinze ans !

– J'ai dix-sept ans, gros naze ! Je suis sûrement un peu plus mûr que toi, et je t'emmerde !

Il y a eu un grand silence.

J'y étais peut-être allé un peu fort, là. Moi qui ne m'énerve jamais, ça faisait la deuxième fois en dix jours que je pétais les plombs. La première, c'était avec les flics dans la voiture quand ils avaient refusé de me déposer à Bicêtre. À croire que l'infarctus de Mamie m'avait complètement désinhibé.

– D'accord. J'aurais pas dû m'attendre à autre chose de la part du fils de Philippe... a-t-il marmonné comme s'il parlait à une secrétaire à côté de lui qui prenait des notes.

– Ne t'en prends pas à mon père, s'il te plaît. Là, c'est moi qui te cause.

– C'est ça... Joue les innocents. Comme si tu savais pas...

– Si je savais pas quoi ?

Il a poussé un gros soupir qui a fait ronfler l'écouteur. Dégueu.

– Laisse tomber. De toute façon, depuis toujours, je n'ai pas droit à la parole, dans cette famille.

Il ne manquait plus que ça ! Il allait me faire le coup du vilain petit canard, maintenant.

– Tu le sais, au moins, que ton père... ? a-t-il commencé d'un air interrogatif, avant de couper brusquement : Laisse tomber.

– Quoi, mon père quoi ?

Ma colère était retombée d'un coup. Je le sentais sur le point de me faire une révélation capitale. Mamie semblait reléguée au second plan. Je me demandais même si toute cette discussion n'était pas un prétexte pour déterrer quelque secret de famille de derrière les fagots.

— Ton père et moi, on n'a pas le même père. Voilà. Moi, j'ai mis trente ans à piger ça. Et c'est pas juste que je sois le seul à vivre avec ça, non plus.

Pas le même père.
Je me suis répété ça deux ou trois fois. Sur le coup, il me semblait que ça ne voulait rien dire. Et puis, cette petite phrase a fait des racines, des ramifications qui sont venues germer dans mon cerveau, s'insinuer dans des zones obscures de ma mémoire. Le souvenir d'anciennes scènes, des fantômes de querelles entendues quand j'étais gosse... Des bribes de conversations, des choses plus mystérieuses encore, qui n'étaient reliées à rien de précis, et ressortissaient de ce qu'Arthur Conan Doyle appelle le *sixième sens* du détective.

— Je comprends rien à ce que tu racontes, ai-je fini par balbutier, d'un ton qui n'avait rien à voir avec l'espèce d'excité qui balançait des injures une minute avant.

Il a eu un petit rire plein d'amertume.

— T'en fais pas, va. Moi non plus, j'ai rien compris, au début. Pourquoi tout le monde disait qu'on ne se ressemblait pas, ton père et moi... J'ai fini par piger. Maintenant, je me suis fait à l'idée.

Je ne l'écoutais même plus. Planté devant le miroir de l'entrée, je ne me préoccupais que de savoir *lequel des deux* était le fils de papy Gérard. Et à chercher en moi, obstinément, une trace du visage de mon grand-père, dont Mamie m'avait si souvent dit que je lui ressemblais. Et si c'était faux ? Et si elle m'avait menti ? Ma tignasse noire insensée, j'avais toujours cru que c'était le gène corse hérité de ma mère... Et si j'avais d'autres ancêtres, plus crépus encore ? Et si j'étais noir ?

Tonton avait planté la graine du soupçon. Rien ne serait plus tout à fait comme avant dans ma vision de ma famille.

Pendant ce temps, Christian continuait son déballage comme s'il parlait à Mireille Dumas dans *Vie privée, vie publique* :

– Je sais très bien ce que tout le monde raconte sur moi : que je ne m'occupe pas de Maman, que je suis pas foutu de m'occuper de moi, déjà... Mais, tu vois, moi, j'ai dû ramer pour faire mon trou dans cette famille. On m'a pas vraiment aidé. À douze ans, on m'a collé en pension, tu vois. Alors que ton père, il est resté à la maison, lui. Soi-disant que j'étais trop nul à l'école. Tu parles.

– C'est pour ça que tu veux mettre Mamie dans une maison de santé, maintenant ? Pour te venger ?

De nouveau, un silence épais est venu se glisser entre nous.

– C'est marrant. J'y avais pas pensé.

– Dis donc, ton psy, il te prend cher ? Non, parce que celle-là, franchement, elle était facile. Quand je veux, je m'installe à mon compte, si c'est ça.

Il a eu un petit rire moqueur, mais nettement moins amer que le précédent.

– Finalement, t'as raison. C'est vrai que t'es mûr, pour ton âge.

– Faudrait arrêter de croire qu'avant vingt ans, on est des légumes. *Le bébé est une personne*, il paraît. Alors l'ado, je te dis pas. C'est dix millions de personnes.

– En tout cas, c'est plus facile de parler avec toi qu'avec ton père. C'est pas pour le critiquer, parce qu'au fond, je l'aime bien... Seulement, on n'a pas le même caractère.

Ça, tu l'as dit, bouffi ! me suis-je exclamé *in petto*.

Mon père, c'est la positive attitude dans toute sa splendeur. Pour lui, il n'y a rien dont on ne puisse venir à bout avec une clé à molette, une bonne bière et un disque des Rolling Stones. Tout le reste est littérature.

— N'empêche, pour Mamie... Franchement, ce serait un sale coup à lui faire. Sa maison, son jardin, ses sorties au ciné, ses copines... C'est super important pour elle.
— Oui, t'as peut-être raison. Mais moi, je me vois pas courir à son chevet dès qu'elle a un rhume, tu vois.
— D'accord. Mais pour l'instant, je suis là. Quand elle va rentrer, je m'occuperai d'elle. Et puis mes parents prendront le relais, et tout va rentrer dans l'ordre.

À ce stade, je ne savais plus très bien si je parlais pour convaincre tonton Christian ou pour me convaincre...

— Bon, ben je sais pas... Pfff... C'est pas facile de prendre la bonne décision. En fait, c'est déjà pas facile pour moi de prendre des décisions tout court. Alors, les bonnes, en plus...

Pour la première fois de notre conversation, Christian m'a fait rire. Du coup, j'ai osé lui poser la question qui me brûlait depuis tout à l'heure :

— Juste pour savoir... Le *vrai* fils, c'est toi ou c'est Papa ?
— C'est ton père. Moi, je suis le souvenir de voyage qu'elle a ramené du Brésil.

23

Le Brésil.

Pourquoi le Brésil. C'est le titre idiot d'un livre que le prof de français avait mis sur nos listes de lectures, et que je n'ai jamais lu. N'empêche que, comme pour répondre à l'auteur dont j'ai oublié le nom, mon esprit s'est mis à amasser une foule d'indices concordants.

D'abord, il y avait ce drapeau, que j'avais ramené dans ma chambre le premier jour des vacances. Je l'avais trouvé dans une armoire au grenier, parmi une pile de linge de bébé. Ensuite, lorsque Mamie avait momentanément rendu l'antenne à l'hôpital cette semaine, je me suis souvenu qu'elle s'était accrochée au souvenir du match France-Brésil de la Coupe du monde de 1998, au point que je trouvais ça bizarre, ce subit intérêt pour le sport. Enfin, depuis plusieurs années, Mamie ne ratait pas une seule conférence de *Connaissance du Monde*, surtout lorsqu'il s'agissait d'évoquer l'Amérique latine.

Bon.

Ça ne prouvait rien, évidemment, sinon qu'elle était passionnée par ce pays. Qu'elle l'ait été encore plus pour un beau Brésilien il y a trente ans, ça dépassait tout de même mon imagination.

Il faut dire que dans ce domaine, elle n'est pas excessivement fertile, mon imagination. Déjà, quand j'étais gamin et que j'entendais craquer le lit de mes parents, je me demandais lequel des deux pouvait bien se gratter aussi fort pour faire grincer la literie et arracher à l'autre autant de soupirs. Ça m'a pris un certain temps pour comprendre que mes parents n'avaient pas de puces.

Ça a peut-être quelque chose à voir, me suis-je dit en retournant dans ma chambre après ce coup de fil épuisant, avec la relative paresse de ma libido. Je suis peut-être une sorte de cas désespéré : un ado qui ne pense pas au cul sans arrêt, c'est anormal. Une vraie amibe. Un cas d'école. Il faudrait que je lègue mon corps à la science après ma mort. Ou même avant, tiens.

Sans aller jusqu'à croire que les enfants naissent dans des choux, j'éprouve toujours une certaine répugnance à imaginer comment j'ai été conçu. Savoir que je viens d'un ovule et des performances d'un spermatozoïde pressé, ça n'a rien de spécialement émouvant. C'est de la biologie. Mais imaginer ma mère et mon père se rencontrer en boîte, sortir ensemble, se rouler des pelles, faire l'amour... ça me laisse perplexe et vaguement dégoûté. J'ai l'impression qu'ils sont dénués de vie sexuelle. Un peu comme les mariés en plastique qu'on pose sur les pièces montées. Quant à ma grand-mère, alors là... c'est carrément la genèse biblique.

Mamie, avec ses cheveux gris coupés court et ses tenues fantaisistes, elle n'a pas de genre. C'est Mamie, quoi ! Qu'elle ait eu une vie amoureuse palpitante, ça ne me surprend même pas : ça me dépasse.

J'imagine que d'autres que moi, poussés par une curiosité un peu revancharde, se seraient précipités à Bicêtre ce jour-là pour aller soumettre Mamie à la question, façon Inquisition espagnole.

J'étais, au contraire, soulagé de n'avoir pas à lui rendre visite. Elle ne m'attendait pas ce jour-là et, sur le coup, je me suis même demandé si j'irais lui rendre visite le lendemain. Ou aucun des jours suivants.

Christian avait-il réussi son coup ? Était-il parvenu, tel l'infâme Tullius Detritus[24], à semer sa zone dans la famille ? Une famille dont, soit dit en passant, je m'étais jusque-là soucié comme de mon premier caleçon. C'était comme si, en faisant semblant de mourir, Mamie avait remis la balle au centre.

À cause d'elle, j'en étais à soulever les grandes énigmes de l'univers : qui sommes-nous, où allons-nous, etc.

N'importe quoi.

J'ai eu beau ce jour-là me bâfrer d'épinards froids à même la boîte, en signe de mépris existentiel, je n'arrivais pas à me défaire de ce sentiment poisseux. C'était quelque chose de gluant qui venait se poser sur moi, m'envelopper, m'envahir. Quelque chose que j'avais jusque-là tenu à distance respectable, par des évitements, des dérobades, des plaisanteries. Quelque chose que j'avais connu avant, quand j'étais petit, le cœur fendu en deux pour un mot de travers, une engueulade, un bisou refusé, une mauvaise note.

L'émotion.

Une saleté de saloperie d'émotion sirupeuse.

En remontant dans ma chambre, j'ai éteint l'ordinateur, fermé les volets sur le ciel bleu du Kremlin, tiré les rideaux, empoigné ma guitare restée sur le lit et branché l'ampli.

---

24 Uderzo-Goscinny, Les aventures d'Astérix et Obélix : *La Zizanie*.

J'ai fermé la porte de la chambre derrière Hector qui quittait la pièce d'un pas décidé d'émigrant, en miaulant quelque chose qui devait signifier dans sa langue *Non, rien de rien, non, je ne regrette rien.*

Je n'avais pas d'idée précise de ce que je voulais tirer de cette foutue guitare. Mine de rien, c'était la deuxième fois dans la même journée qu'elle servait. Mais pour la première fois depuis que j'avais manifesté l'envie d'apprendre à en jouer, c'est-à-dire depuis mes neuf ans, j'ai senti que *la guitare était à moi.* Pas la Fender en elle-même – je n'ignore pas qu'elle est à mon père, il ne cesse de me le rappeler dès que je fais péter une corde – mais l'instrument, en général. La guitare, et tout ce qui en sort. La musique, quoi !

Pour la première fois de ma vie, je pouvais me sentir vraiment guitariste. Mais je n'avais pas besoin de le dire, ni de le prouver à quiconque. D'abord, j'étais seul. Les autres avaient disparu, jusqu'à la notion même d'*autre*.

Il n'y avait que moi, et la guitare.

J'ai joué dans le noir pendant je ne sais combien de temps. Comme je ne voyais qu'à peine mes doigts sur les cordes, j'avais du mal à retenir ce que je jouais, et d'ailleurs je ne le cherchais même pas. J'ignore si c'était bon, ou à quoi ça ressemblait. Je m'en foutais totalement.

J'étais juste dans le plaisir de jouer – et même pas ça, non, c'est encore trop abstrait, trop distant : j'étais dans une bulle avec la musique qui venait de moi, en prise directe avec mon cœur ou n'importe quel truc qu'il peut y avoir là-dedans, qu'on appelle ça comme on voudra, l'hypothalamus ou le bulbe rachidien, l'endroit où ça se fabrique, les émotions visqueuses, les sentiments gras, les affections, les tendresses, les peurs. Toutes ces saloperies qui font qu'on se retrouve à chialer à dix heures du soir devant un coucher de soleil sur le périphérique.

Je ne saurai jamais si c'était punk. Au niveau des paroles, il faut dire que c'était plus gueulé que chanté, et que ça ne prétendait pas rivaliser avec Emmanuel Kant. À la fin, je me suis rassis sur mon lit, j'ai débranché l'ampli.

J'ai ouvert la porte à Hector, qui grattait depuis que le silence était revenu. J'ai fait quelques pas, un peu hébété, dans le couloir entre les chambres et la salle de bains.
Je suis allé boire de l'eau au lavabo.
En relevant la tête, je me suis regardé dans les yeux, sans ciller. J'ai cherché à me voir, à me voir vraiment, tel que j'étais, sans me préoccuper de savoir à qui ou à quoi je ressemblais, sans grimace, sans dérision. Je n'y arrivais pas.
J'ai plongé les doigts dans la corbeille en osier rose qui traînait sur la tablette devant le miroir. J'ai écarté du doigt quelques peignes (ces objets me répugnent), un tube de rouge à lèvres (une fois, ça suffit), des limes à ongles (pas besoin de ça quand on se les ronge). J'ai passé mes doigts dans les anneaux des ciseaux. Je n'ai pas voulu laisser le temps à mon cerveau de protester.
J'ai penché la tête en avant vers l'évier et j'ai coupé tout ce qui dépassait.

Dans la nuque, j'ai tout de suite senti le froid. Puis autour des oreilles. En relevant le front, j'ai constaté que ma main gauche, qui tenait des poignées de mèches, tremblait un peu. La droite aussi, qui tenait les ciseaux. Ça n'était pas la peur de me couper ou de rater ma coupe, parce qu'à ce stade-là, je me foutais bien de ressembler à Frankenstein ou à un épouvantail. Si je tremblais, c'était plutôt d'émotion.
J'avais conscience d'accomplir quelque chose d'important.
Qui dira l'angoisse du mouton qu'on tond ?

Qui dira son soulagement, quand il se relève et qu'il s'éloigne, soudain léger, rendu à lui-même et pourtant méconnaissable ? Qui dira sa joie d'être un autre, mais un autre allégé, simplifié ?

Vous faites encore de la poésie, dirait mon prof d'économie.

24

Les jours suivants, je les ai passés devant mon ordinateur.
Christian m'ayant rappelé pour me dire qu'il irait voir Mamie à Bicêtre, je me suis octroyé une trêve. Un coup de fil chaque matin suffisait. L'entendre pester contre la nourriture en barquettes et commenter les programmes télé de la veille me rassurait sur son sort. Un peu lâchement, peut-être. Mais je n'avais pas trop le cœur à affronter la Mamie 2.0, version mangeuse d'hommes. La Lara Croft du Kremlin-Bicêtre, on verrait ça plus tard.
J'attendrais qu'elle soit remise pour explorer sa biographie.
Après tout, il était temps que je m'occupe un peu de ma propre vie sentimentale...
Natacha était de retour sur SpaceBook® avec une foule d'anecdotes à me raconter sur les gamins de Sarcelles, de Garges-lès-Gonesse, d'Aubervilliers. Leurs réparties rigolotes, leurs bêtises, leur *innocence* (sic). Leurs questions : « Paris, c'est en France ? » ou « La mer, ça existe en vrai ? » qui l'ont fait alternativement rire et pleurer. À mi-chemin entre le ricanement et l'attendrissement,

j'ai tout écouté patiemment, trop heureux qu'elle m'ait choisi pour confident.

Après ça, elle m'a infligé des heures d'écoute torturante, que j'ai passées stoïquement sur mon siège à roulettes, pour découvrir des types qui chantent en français avec des tambourins et des accordéons derrière. Des groupes genre La Tordue, Mes souliers sont rouges ou Les hurlements d'Léo. Au début, j'ai cru que j'allais faire une crise d'épilepsie en direct *live*. Et puis au bout de quelques heures, je me suis surpris à siffloter des airs en allant aux toilettes.

Complètement lobotomisé. Et consentant, en plus.

C'est bizarre à dire, mais désormais, je n'avais plus peur que les goûts des autres empiètent sur les miens. J'avais ma musique à moi. Celle que je faisais, seul, un peu chaque jour, sans m'enregistrer, sans rien garder, juste une musique qui m'appartenait et qui s'envolait.

Pika a continué à me contaminer, peu à peu, goutte à goutte. J'étais comme le roi Mithridate qui buvait chaque matin une gorgée de poison pour s'immuniser[25].

À force, je ne me rebellais même plus à l'idée de perdre deux heures à regarder *Sur la route de Madison* sur une chaîne de la TNT à minuit, ou à lire *Harold et Maude*. J'avais sacrifié une après-midi et un chèque de Mamie pour me procurer dans une librairie d'occases les livres qu'elle m'avait cités comme « les meilleurs du monde ». La moindre des choses, me disais-je, était de connaître ce que je m'apprêtais à critiquer. Car, j'en étais sûr tout de même, ce qu'elle aimait ne *pouvait* pas me plaire. Je voulais bien faire un effort pour ne pas mourir idiot, d'accord, mais bon, il y avait des limites à tout.

---

[25] Ça a super bien marché. Il est mort poignardé.

Déjà, une histoire d'amour entre un reporter à la gomme joué par un Clint Eastwood vieillissant (qui, selon moi, aurait dû mettre un terme à sa carrière après *L'Inspecteur Harry*) et une mère de famille coincée dans un bled paumé de l'Illinois, ça commençait mal. Heureusement que je m'étais acheté un maxi-paquet de pop-corns Baff au caramel pour faire passer.

Eh ben, croyez-moi si vous voulez, mais à la cent cinquantième minute, j'ai hurlé à Meryl Streep : « Mais vas-y, quitte ton mari et tes gosses et barre-toi avec lui ! »

Pour *Harold et Maude*, c'était plus facile, parce que je ne m'attendais à rien. Sur la couverture du livre, il y avait une vieille en ciré jaune sur une moto, et un jeune derrière elle qui tenait une pelle. Si on m'avait dit qu'il y aurait une histoire d'amour entre les deux, j'aurais reposé le livre, en vomissant discrètement. Heureusement, personne ne me l'a dit. J'ai passé une heure et demie coincé dans les cabinets à rire comme un bossu aux récits des faux suicides orchestrés par Harold. Et, quand j'en suis ressorti, j'avais des fourmis dans les jambes (ça arrive quand on lit aux vécés) et corné plusieurs pages du livre, dans l'intention de les relire (ce qui, en revanche, ne m'arrivait jamais) ou d'y puiser des citations. Entre autres, cette phrase de Maude qui dit que tous les malheurs du monde arrivent parce que les gens uniques s'obstinent à se comporter comme tout le monde.

Je suis revenu à Natacha, fort de cette maxime qui m'allait si bien (si j'ose ce jeu de mots tarte-à-la-crème).

Pika : J'étais sûre que ça te plairait. Tu me fais penser à Harold, de toute façon.

Pr Moriarty : Il y a des points communs. Et toi, t'es Maude ?

Pika : ☹ Sympa. Elle a 80 ans !

Pr Moriarty : C'est vrai que t'es plus vieille que moi.

Pika : Mais ça ne se voit pas. Je suis bien conservée.

Pr Moriarty : Oui, un Pokémon, ça ne prend pas une ride.

Pika : lol. Tu veux ma photo ?

Wow ! On y venait, finalement.

Le tout, avec les filles, c'est de ne pas être pressé. Et de ne rien demander. Tout vient à point à qui sait attendre…

Pr Moriarty : Je veux bien. Après tout, t'as déjà vu la mienne…

Pika : Oui, et je dois dire, puisque je l'avais pas commentée, que ta nouvelle photo me plaît mieux que l'ancienne. C'est qui, ton coiffeur ?

Pr Moriarty : C'est bibi.

Pika : Ça se voit ! ☺ En tout cas, on te voit mieux maintenant que t'as coupé tes cheveux.

Pr Moriarty : Et… ?

Pika : Euh… Disons que ça aurait été dommage de continuer à te cacher…

Comme une cruche, je me suis mis à rougir devant mon ordi.

Histoire de cacher mon trouble, j'ai réclamé à cor et à cri cette fameuse photo d'elle.

Anxieusement, j'attendais de voir Pikachu se métamorphoser en jeune fille. Mais, au lieu de changer simplement son avatar sur le site, elle a branché sa webcam et soudain, j'ai vu apparaître devant moi, sur un écran minuscule, une ombre qui bougeait de façon syncopée.

Un moment, j'en ai eu le souffle coupé.

J'ai collé mon nez à l'écran.

J'avais imaginé des nattes, une masse de cheveux, une frange qui retombe sur des yeux graves. À la place, un casque de cheveux blonds très courts. La tête de cette actrice de cinéma dans le film de Godard, avec Belmondo – impossible, dans mon émoi, de remettre la main sur le titre. Je la voyais bouger sur l'écran, que j'essayais d'agrandir en cliquant d'une main fébrile sur le bouton de la souris. Soudain, je l'ai vue rire. J'ai bondi sur le bouton de mes enceintes pour pousser le son, et je l'ai *entendue*.

J'en ai eu des frissons partout. Les jambes qui tremblaient. Du grand n'importe nawak de compétition.

Sa *vraie* voix s'est mise à m'interpeller :
– Bon, alors, tu me laisses toute seule ?
– Tu veux que j'allume ma webcam ? ai-je demandé à l'écran, avant de me rendre compte que, puisque je ne l'avais pas branchée, elle ne risquait pas de m'entendre. (De plus en plus gogol.)
Lorsque ma bouille a surgi sur son écran, elle s'est remise à rire.
– Tu fais une de ces têtes ! On dirait que t'as vu un fantôme.
– Excuse-moi, mais c'est la première fois que je vois un Pokémon se transformer.
– Moi aussi, faut que je m'habitue ! C'est trop bizarre d'entendre ta voix. Elle est grave...
– Ben, qu'est-ce que tu croyais ? J'ai pas douze ans, quand même.
– Je sais bien, mais... T'es très grand, non ? On dirait que tu te voûtes devant l'ordinateur.
– T'arrêtes un peu de commenter tout ce que tu vois ?
On a continué comme ça un petit moment, ricanant comme des imbéciles à chaque fois que l'autre se touchait le nez ou tournait la tête. On aurait dit deux singes devant des miroirs. Plus j'entendais son rire, plus je le trouvais agréable et communicatif. À la fin, j'en avais mal aux joues à force de sourire béatement.
Ce que je n'osais pas lui dire, par contre, c'est à quel point son visage m'émerveillait. Oui, il n'y a pas d'autre mot. Même si c'est un peu concon à dire, comme ça, à froid. J'étais émerveillé. Enchanté, comme Merlin. Mine de rien, je recollais les morceaux du puzzle, essayant de faire coïncider Pika-la-peste des premiers jours, aux réparties cinglantes, avec Natacha-la-rieuse, au grand

front blanc, à la voix gaie, qui parlait comme une mitraillette avec un accent parisien à couper à la machette.

Bêtement, je m'imaginais tout à coup qu'elle sentait la mousse, cette odeur qu'on ne sent que dans une boutique de fleuriste.

Je me fichais éperdument de l'effet que je pouvais lui faire. Je n'avais qu'une envie : que ce moment continue. L'idée d'éteindre l'ordinateur (parce qu'on allait gentiment vers les deux heures du matin, quand même) devenait insupportable.

Aucun des deux ne voulait donner le signal du départ.

J'avais déjà connu ça, avec Kévin, par exemple, ou plus souvent avec Alex, quand on se parle des heures sur le clavier et qu'on n'arrive pas à se dire au revoir. Chacun s'envoie des *smileys* d'adieu (un petit bonhomme qui agite la main, un autre qui fait des bises...) et personne ne coupe. Mais là, c'était un peu plus fort que ça. Comme si on avait découvert la porte d'un autre monde, et qu'on ne voulait pas la refermer.

Elle le sentait aussi, forcément. Soudain elle m'a dit :

– Tu sais ce que ça me rappelle ? Tu me promets de pas te foutre de moi ?

– Euh... oui. Non.

– Tu vas te foutre de moi, je le sais. C'est la scène de *Ro*... Oui, bon, je me tais.

– Non, mais vas-y ! Ro... quoi ? *Rocky* ? *Robot et compagnie* ? *Rocco et ses frères* ? Ro... lling stones ?

– Laisse tomber, tu te fous de moi.

– Je te jure ! Je souris même pas.

– Tu me prends pour une bille ? Je te rappelle que je te vois, là ! On dirait *The Mask*. Bon, je te dis rien, je t'envoie le lien sur YouTube et tu regarderas tout seul dans ton coin.

– Quoi, tu t'en vas ?

– Oui, faut que je me couche, quand même. Demain je bosse. Mais tu me promets de regarder la vidéo, hein ?

– Promis. Et tu reviens, demain, hein ?
– Après ma journée au centre, ouais. C'est juré.

Son image a disparu de l'écran en même temps que sa voix. Je me suis senti orphelin. Désespéré, seul au monde, abandonné sur une île déserte, que même Robinson il devait être plus heureux que moi. Aussitôt, pour ne pas lâcher le fil, j'ai cliqué sur le lien qu'elle venait de m'envoyer dans son dernier message.

Le site de YouTube s'est ouvert, et j'ai attendu quelques secondes avant de lancer la vidéo. Le cœur battant comme un idiot.

C'était une scène de *Romeo+Juliet*, le film de Baz Luhrman. Acte II, scène 2. Le texte en anglais, le vrai texte de Shakespeare, avec des sous-titres en français pour les nuls.

La scène du balcon.

Et ces adieux qui n'en finissent pas. Et lui qui s'en va, elle qui le rappelle, lui qui revient, puis qui repart, et la petite Juliette, jolie comme un ange, qui répète : *Bonne nuit ! Bonne nuit ! Si douce est la tristesse de te quitter que je te dirais : bonne nuit, jusqu'à ce qu'il soit jour.*

Je me suis repassé la vidéo en boucle. Le même sourire idiot coincé sur les lèvres.

25

J'étais en vélo, dans la fameuse boucle rue Salengro-rue de Fontainebleau, dernière étape tranquille avant la montée de Bicêtre. En bonne position pour décrocher le maillot jaune.

Sur mon baladeur, j'écoutais *Dans la rue*, de Polnareff, découvert grâce au disque de Mamie exhumé au grenier. *Les soirs, quand les murs se resserrent, quand je me sens sous-marin, Je casse le hublot de ma chambre et je saute de mon appartement, Dans la rue, j'suis chez moi-aaaa...* Je chantais à voix haute, d'autant moins soucieux du regard des piétons que je ne m'entendais pas chanter. Nul doute que ça devait être horrible, à voir leurs mines épouvantées.

J'étais en train de me dire que je faisais ce trajet pour la dernière fois – sauf coup de théâtre de dernière minute.

Je repensais à la première nuit, à ce trajet impossible, les menottes aux poignets, à la fois où j'avais failli être écrasé dans Bicêtre par une ambulance. Pour un peu, j'aurais eu des regrets de mettre fin à des aventures aussi palpitantes.

Mais bon, me disais-je, les meilleures choses ont une fin. Et en matière de blagues, les plus courtes sont les meilleures.

Mamie allait rentrer à la maison en ce samedi 7 août. Dimanche, mes parents reviendraient de Corse... *Inch Allah*. Et le dimanche suivant, ce serait le tour d'Alice, qui m'avait d'ailleurs envoyé une carte postale de très bon goût, avec une Bretonne à la coiffe bigouden qui remonte ses jupes et proclame : « Sors de ton trou ! Rejoins-nous ! » (pour ma collection de cartes postales kitsch).

Tonton Christian avait pris ma place ces derniers jours auprès de Mamie, et la chambre 432 avait accueilli, paraît-il, un nouvel arrivant, un homme d'une cinquantaine d'années, que Mamie trouvait extrêmement désagréable parce qu'il pétait la nuit. Elle était impatiente de partir, tant pour échapper à la sollicitude subite de son fils cadet que pour éviter les séances désormais quotidiennes de bridge avec ses copines qui avaient transformé Bicêtre en tripot.

C'est elle qui m'avait téléphoné le matin même, pour m'annoncer sa sortie. À l'entendre, on aurait dit Ingrid Betancourt libérée par les FARC.

— Maxime, mon grand, ce serait formidable que tu viennes me chercher...

Pour la taquiner un peu, j'ai joué les naïfs.

— Tu ne préfères pas que ce soit Christian ? Il a une voiture, lui...

— Ah non ! Pas lui ! Il va encore en faire toute une histoire ! Non, ce que je voudrais, tu vois, c'est une petite promenade à pied dans les rues, tranquille. Histoire de prendre l'air. Parce que là, je m'étiole.

— T'es sûre que tu ne vas pas tourner de l'œil ?

— Mais non, ça me fera le plus grand bien. Un quart d'heure de marche, c'est excellent pour le cœur.

Pas un mot sur mon absence de ces derniers jours. Comme si elle n'avait pas remarqué que je ne venais plus la voir.

Si ça se trouve, elle s'était dit que c'était mieux ainsi, que passer ses après-midi à l'hôpital auprès de sa grand-mère cardiaque n'était pas une saine occupation pour un garçon de 17 ans, et qu'il valait mieux, à tout prendre, que ce soit son fils qui se dévoue.

Et pourtant, là n'était pas la vraie raison.

Je n'allais plus la voir parce que j'avais peur de ne pas surmonter, en la voyant, la gêne qui m'envahissait en repensant à ce que Christian m'avait dit. J'avais peur de ne plus la reconnaître. De passer mon temps à chercher, sous son masque de super-Mamie, cette femme qui à 40 ans avait jeté son bonnet par-dessus les moulins[26] pour tenter l'aventure exotique avec un danseur de capoiera. Et qui avait oublié, le temps d'une samba torride, son brave Gérard qui l'attendait en relisant pour la millième fois *Mort sur le Nil*, essuyant d'une main virile les larmes coulant sur ses joues qui sentaient l'eau de Cologne Mont-St-Michel.

Évidemment, ça ne s'était peut-être pas passé comme ça.

Mais je n'étais pas certain d'avoir envie d'en savoir plus, de toute manière.

Tout en pédalant avec ardeur, je mixais ces pensées en une sorte de purée avec grumeaux, dont je tartinais mon for intérieur. Mais le plus gros de l'espace disponible était occupé par une seule pensée, qui bondissait, pétillait, insaisissable, comme une étincelle. Dès que je m'arrêtais deux secondes de penser à ma famille, ça revenait.

J'essayais de ne pas trop m'arrêter dessus, pour ne pas l'effaroucher, ne pas la gâcher, ne pas l'user. C'était une étincelle tellement neuve, tellement vive et gaie, que j'avais peur de

---

[26] Expression coquine super branchos il y a cent ans. À ne pas confondre avec « Jeter son beau nain par-dessus les mollets ».

l'étouffer en mettant la main dessus. Je me contentais de l'alimenter, comme on apporte des brindilles à un feu qui démarre. Pour ça, il suffisait que je prononce dans ma tête un prénom, pour que ça prenne.

C'était drôle, cet incendie intérieur.

Vraiment bizarre. Des images me venaient, des mots, des phrases entières parfois, qui remontaient de je ne sais où. Comme si on venait de me greffer un cerveau supplémentaire pendant la nuit. Une barrette d'extension de mémoire sur mon disque dur.

Vous êtes amoureux, loué jusqu'au mois d'août
Vous êtes amoureux, vos sonnets la font rire
Vos amis vous évitent, vous êtes mauvais goût...

La suite, je ne me souviens pas.

Techniquement, c'était déjà un miracle que je me souvienne de ces vers-là. Quand on sait avec quelle difficulté j'ai appris la moindre ligne de récitation, que ce soit à l'école ou au collège... Si l'on m'avait dit il y a quinze jours encore que j'en viendrais à citer du Rimbaud en traversant le Kremlin à vélo, je me serais bien marré.

À mon arrivée à l'hôpital, après avoir cadenassé mon vélo, j'ai salué les secrétaires de la cardio.

— Alors, ça y est, votre grand-mère rentre à la maison ? m'a lancé l'une d'elles.

— Eh oui ! C'est pas trop tôt.

— Elle va nous manquer, figurez-vous. Chaque matin, elle faisait sa petite promenade dans le service, on discutait... Enfin, on est content pour elle.

Dans la chambre 432, j'ai rencontré Étienne, l'interne aux mains moites, venu délivrer le bon de sortie.

– Ah, voilà le grand jeune homme ! a-t-il fait en me voyant.

Je suis sûr que si ça ne tenait qu'à lui, il refuserait l'accès de l'hôpital à tous les types qui le dépassent en taille. Ça s'est vu...

Je me suis avancé pour serrer la main qu'il me tendait, mentalement préparé à la sensation d'huître fraîchement ouverte que me réservaient ses paumes.

Mamie était debout près de son lit, ses affaires rassemblées dans un sac de voyage. J'ai jeté un coup d'œil dans la direction de son nouveau voisin de lit, le temps de constater qu'il avait vraiment le teint d'olive pas mûre que Mamie m'avait décrit au téléphone.

– N'oubliez pas votre rendez-vous lundi prochain auprès du cardiologue, a rappelé Étienne à l'intention de Mamie.

– Mais oui, mais oui. Je n'ai pas l'Alzheimer, a-t-elle fait avec un sourire délicieusement méprisant.

– Vous savez ce qu'il vous reste à faire, a continué l'interne, imperturbable. Suivez bien votre traitement, reposez-vous, ce n'est pas le moment de vous lancer dans des activités fatigantes. Du repos, du calme, et n'oubliez pas l'aspirine.

L'aspirine ?

En voilà une drôle d'idée ! Que je sache, l'ancêtre n'avait pas passé quinze jours à Bicêtre pour soigner un mal de tête. Je lui ai jeté mon regard inquisiteur n° 2, m'attendant à voir dépasser de la poche de sa blouse un livre à la couverture jaune et noire, avec pour titre *La Cardiologie pour les Nuls*.

– L'aspirine, tu sais, Maxime, il paraît que c'est très bon pour la circulation artérielle, a glissé Mamie qui avait intercepté mon regard.

– Ah bon ? Pourtant, toute cette effervescence, on pourrait penser que c'est très mauvais pour le cœur.

Mamie s'est mise à rire, tandis qu'Étienne me regardait de l'air du type qui se demande s'il a affaire à un débile mental. De toute évidence, mon humour lui échappait.

— Bon, eh bien je crois qu'on peut y aller, a lancé Mamie pour couper court aux explications.

J'ai attrapé son sac de voyage d'une main, le sac à main de l'autre, ce qui me dispensait de tendre la patte une nouvelle fois à l'homme gélatineux.

Après un vague signe de tête en direction du colonel Moutarde qui pétait dans son lit, nous avons quitté le service. Mamie me donnait le bras pour épater la galerie, mais elle l'a lâché dès que nous sommes sortis.

— Je ne savais pas que tu étais venu à vélo, m'a-t-elle dit en me voyant décadenasser l'engin.

— Eh bien, tu vois, depuis qu'ils t'ont mise en cardio, j'en fais tous les jours pour venir te voir.

— Si c'est le secret de ta forme, il va peut-être falloir que je m'y mette. Ça te réussit. Tu as bonne mine.

— Tu dis ça parce que je me suis coupé les cheveux.

Là-dessus, Mamie s'est immobilisée, comme pétrifiée.

J'ai arrêté de pousser mon vélo à côté d'elle dans l'allée, pensant qu'elle nous faisait un petit coma de dernière minute.

— Bon sang de bois ! Mais oui, c'est ça ! Depuis tout à l'heure, je cherchais ce qui avait changé en toi et je ne trouvais pas. Quelle idiote !

J'ai souri, ravi de mon petit effet.

— Tout de même, c'est fou ce que ça vous change une silhouette, la coupe de cheveux. Tu as l'air plus grand, plus mince, et puis...

Elle avait l'air de chercher dans sa mémoire le meilleur moyen de me faire un compliment qui ne soit pas trop déplacé. J'attendais, déjà un peu gêné.

— Je ne sais pas. Tu as l'air heureux, voilà.

Alors là, je me suis senti devenir tout rouge.

Mamie a repris sa marche à côté de moi, le vélo entre nous, et elle me jetait de petits coups d'œil qu'elle croyait discrets de temps en temps. Mon teint cramoisi m'a tenu presque tout le trajet du retour.

À l'arrivée à la maison, Mamie a reçu un accueil enflammé d'Hector. Je le maintenais à distance en l'écartant du pied, effrayé qu'il puisse la faire tomber comme il avait déjà réussi à le faire avec moi.
— Mon Dieu ! Mais ce chat est énorme ! Qu'est-ce que tu lui donnes à manger ?
— Euh... Je n'ai pas racheté de croquettes ces derniers temps. J'ai oublié... Je pense qu'il doit manger des oiseaux. Et puis, des fois, il termine mes pizzas. Et aussi, c'est lui qui a fini toute la macreuse que j'avais achetée pour me faire des beefsteaks.
— De la macreuse ? Quelle drôle d'idée ! C'est de la viande à bouillir, ça. Pour faire des plats en sauce, ou du pot-au-feu. Décidément, tu ne sais pas faire de la cuisine française. Il va falloir que je t'apprenne.

J'ai acquiescé, un peu navré d'avoir transformé Hector en clone de Garfield.

À la cuisine, Mamie s'est bidonnée en découvrant les post-its collés sur le frigo : les messages délirants laissés à mes parents.
— Au fait, Maxime. Je voulais te dire merci, pour tout ce que tu as fait.
— Moi ? Mais j'ai rien fait du tout. Enfin si, j'ai fait le 15.
— Merci d'avoir tenu le coup. Et d'avoir gardé tout ça pour toi. Ne te vexe pas, mais je n'aurais jamais cru ça de ta part...

En effet, il y avait de quoi se vexer. Mais je crois que je voyais ce qu'elle voulait dire. Après tout, je n'aurais pas cru ça de moi non plus.

En début d'après-midi, j'ai été envoyé en mission à la pharmacie pour chercher le traitement de Mamie, pendant qu'elle faisait une petite sieste. À mon retour, nous nous sommes installés au salon pour boire une tisane accompagnée de cerises à l'eau-de-vie « cuvée Maxime », puis nous avons joué au rami. Ambiance maison de retraite garantie. À tel point qu'au bout de quelques heures, elle a fini par me chasser.

– Dis donc, mon grand, t'as pas mieux à faire ? Va t'occuper, je vais passer deux ou trois coups de fil.

Je ne me suis pas trop fait prier.

Cependant, puisque Natacha n'était pas encore rentrée du boulot, je n'étais pas pressé de me connecter. Je l'ai fait malgré tout, pour saluer Kévin qui partait le lendemain à Marseille avec son frère aîné, les copains de celui-ci et une seule grande tente pour tout le monde. Ça promettait de sentir les pieds jusqu'à Notre-Dame-de-la-Garde.

Alexandra avait mystérieusement disparu sans laisser d'adresse, et nous avons commenté son absence, émettant les suppositions les plus folles.

Sa Kévinerie : A mon avis elle sait sait kidnappé par des extraterrestres.

Pr Moriarty : Ou bien elle fait un stage de saut en parachute et elle nous a rien dit pour nous faire la surprise à la rentrée, quand elle sera dans les Marine's.

Sa Kévinerie : Au fête, tu crois pas qu'elle est lesbienne, Alex ?

Pr Moriarty : Arrête d'être con.

L'hypothèse me semblait quand même sentir le préjugé puant, labellisé Kévin. Mais il avait déjà démontré par le passé une finesse surprenante, cachée sous des tonnes de crétinerie. Comme la fois où, à l'étonnement général, il avait deviné qu'un surveillant était l'amant de la prof de maths. Je me suis demandé si, à sa façon, il n'était pas plus doué que moi pour voir certaines choses qui m'échappaient complètement, dans le domaine sentimental, en particulier.

Il aurait sûrement flairé le coup de l'amant brésilien de Mamie, lui.
Sa Kévinerie : Ya des indices. Moi je panse que sait possible.
Pr Moriarty : De toute façon, avec toi, tout est possible. Surtout quand tu *panses*.

Là-dessus, j'ai balancé à Kévin sa chanson totem, celle avec laquelle je salue depuis deux ans chacune de ses bouffonneries : *Don Diego 2000*, de Dionysos. « Don Diego » est même devenu son surnom, au lycée, au grand étonnement du prof de français qui y voyait une référence au *Cid* de Corneille, sans aucune légitimité.

Pendant qu'il contre-attaquait en me balançant des images homo-érotiques assez dégueus, je me frottais les oreilles vigoureusement en faisant tourner ma chaise de bureau. Et si, par extraordinaire, Kévin avait raison ? Depuis que je l'avais abandonnée lâchement sur MSN pour aller prendre ma pâtée avec Pika, j'étais un peu gêné face à Alexandra. J'avais peur qu'elle m'en veuille. J'avais même, dans ma parano, imaginé que c'était la vraie raison de sa disparition... Si Alex se foutait éperdument de moi, ça me soulageait un peu. Quelle qu'en soit la raison. Quoique...

Bon. Ça commençait à puer la basse-cour, avec poulettes et dindons.

Alors que je m'apprêtais à redescendre pour faire l'inventaire des forces en présence sur le front de la pâte à crêpes, mon téléphone portable a sonné. Je suis revenu vers le bureau, le cœur battant. Et si c'était Natacha ?

Quel con ! Je ne lui avais même pas donné mon numéro...

J'ai regardé l'écran avant de décrocher. Numéro inconnu. On ne sait jamais... Et si, avec un peu de chance, Natacha avait *deviné* mon numéro ? Bon, OK, je rigole. Mais j'avais quand même l'espoir.

– Allô Maxime ? Tu m'entends ?

Sous le choc, je me suis laissé tomber sur le lit. La Fender, qui gisait sur la couverture, a fait un bond.

C'était ma mère !

– Ouiiiiii… ai-je fait d'une voix mourante.

– Oh, mon grand ! Comme je suis contente de t'entendre, si tu savais !

« Et moi donc », ai-je pensé. Mais je n'ai rien dit, paralysé, muet, un gros soupir *king size* bloqué entre deux côtes flottantes.

– On a eu tellement de problèmes ! Figure-toi qu'on a perdu mon portable en montagne ! Dans le sac, avec nos papiers, notre argent, enfin tout, quoi ! On a eu des déboires pas possibles… Mais bon, c'est pas le moment, je te raconterai… Et toi, comment ça va ? Et Mamie ?

Là, j'ai eu comme un blanc.

Tout à coup – c'est marrant comme ça fonctionne, la mémoire –, une chanson m'est revenue en tête.

Papy Gérard la chantait parfois. Un jour, je l'ai entendue en entier sur France Inter. Elle est de Ray Ventura. Elle s'appelle *Tout va très bien, madame la Marquise.*

Extra Bonus[27]

À l'aéroport de Roissy où ma mère nous avait demandé de venir les attendre, « parce qu'ils étaient un peu chargés », nous étions trois pour assurer le comité d'accueil.

Il y avait moi, évidemment. Et puis Mamie, qui avait insisté pour venir, malgré mes observations (« Ça va te fatiguer, pense à ton cœur... »). Et enfin, parce qu'il était le seul de nous à posséder une voiture, qu'on était dimanche et qu'il ne travaillait pas, tonton Christian.

Je m'étais bien gardé de le croiser chambre 432, la semaine précédente. Je redoutais un peu la confrontation avec un membre de la famille à qui j'avais dit *Je t'emmerde...* C'était donc la première fois que je le revoyais depuis un an ou deux. Il me semble que mon père avait arrêté de l'inviter chez nous après qu'il avait renversé du vin rouge sur la moquette lors d'une dispute à table... Il n'avait pas changé, mais je le voyais

---

[27] Vous êtes encore là, vous ? Non, parce que c'est bientôt fini, vous savez. Vous n'avez pas une maison ?

autrement, maintenant. Évidemment, je le trouvais plus brun que mon père, et je savais pourquoi. Cela dit, on ne pouvait pas dire que la dissemblance sautait aux yeux, tant ils m'avaient, de toute façon, toujours paru différents. Christian aurait pu devenir très ami avec Étienne l'interne, ils avaient un peu les mêmes mains moites et la même façon de se tenir voûtés, accablés par le poids de l'existence.

Cela dit, en ce dimanche d'août torride, il me paraissait plus solide que d'habitude, le tonton. Il avait revêtu une chemisette claire et un pantalon beige, et se tenait bien droit, regardant devant lui la foule qui quittait la zone de débarquement, comme s'il comptait faire barrage de son corps. Il m'avait gratifié d'une poignée de main assez virile tout à l'heure, comme si j'étais désormais trop grand pour être embrassé sur les joues. Il avait même réussi à ne pas contrarier Mamie, qui craignait qu'il ne l'attache à l'arrière de la voiture dans un siège auto.

Bref, il était très correct.

Je serrais dans ma main mon téléphone portable. J'étais un peu fébrile. Revoir mes parents me semblait un événement. En temps normal, c'est à peine si j'avais conscience de leur présence. J'étais en train de me dire que parfois, dans la vie, il faut savoir disparaître, pour que les autres se rendent compte qu'ils tiennent à vous.

Tout à coup, j'ai vu un bras se lever dans la foule qui se pressait devant les portes sécurisées.

– Hé ho, les Mainard !

C'était mon père.

Je me suis avancé de quelques pas, pour être le premier à l'accueillir. Il me semblait que c'était de mon devoir. Après tout, j'étais le vice-chef de famille. Au téléphone, la veille avec ma mère, j'avais réussi à taire tout ce qui s'était passé. Pas un mot au sujet de la crise cardiaque, de mon arrestation, du chauffe-eau, de ma cuite au pineau des Charentes, des aubergines explosées, de la visite du flic, rien de rien ! *Nada*. Le néant ! J'étais très fier de moi. Genre « je gère ».

La silhouette de mon père s'est précisée, suivie d'une autre beaucoup plus petite.

Avant même d'apercevoir ma mère, mes yeux se sont arrêtés sur mon père. Il secouait toujours son bras droit, de peur qu'on ne le voie pas, sans doute. Son bras *valide*. Parce que le gauche, lui, était en écharpe et plâtré jusqu'au poignet.

Ma mère arrivait derrière lui, souriante, appuyée sur des béquilles. Elle avait une jambe raide, énorme, emprisonnée dans une attelle métallique fermée de gros scratchs bleus.

Mon sourire s'est figé.

Tandis que Christian se précipitait vers ma mère pour lui porter le petit sac qu'elle tenait tant bien que mal à l'épaule, j'ai entendu mon père dire à Mamie :

– On n'a rien dit, pour ne pas vous inquiéter…

Au même moment, mon téléphone a sonné. J'ai sursauté.

Ma mère était en train de tenter de lâcher une béquille pour tendre un bras dans ma direction. Opération périlleuse.

– Maxime, ce que tu as changé ! a-t-elle lâché avant de s'effondrer dans mes bras.

Je lui ai rendu son bisou, tandis que le portable grelottait dans ma main comme un petit cœur qui palpite. Discrètement, pendant que ma mère me frottait le dos avec affection, j'ai fait coulisser le clapet du téléphone, pour voir s'afficher le numéro tant espéré. J'ai lâché ma mère et me suis éloigné de quelques pas.

– C'est toi ? Oui, c'est moi… On se voit quand ? Ouiiiiiii, moi aussiiiiii…

Complètement dindon.

CADEAU : LA FIGHTING SPIRIT®

Seven Nation Army, The White Stripes (2003)
Where is my mind ?, The Pixies (1988)
Dare, Gorillaz (2005)
Dead disco, Metric (2006)
My proppeller, Artic Monkeys (2009)
On n'est pas là pour se faire engueuler, Boris Vian (1955)
Papa was a rolling stone, The Temptations (1971)
I feel good, James Brown (1965)
Kids, MGMT (2007)
Ever fallen in love with someone, The Buzzcocks (1978)
Message in a bottle, The Police (1979)
Evgenia Sokolof, Serge Gainsbourg (1981)
Ulysses, Franz Ferdinand (2009)
Time, Supergrass (1995)
Ride a white swan, T-Rex (1970)
Dans ma rue, Michel Polnareff (1984)
I wasn't made for fighting, Woodhands (2008)
Don Diego 2000, Dionysos (2002)
Tout va très bien, madame la Marquise, Ray Ventura (1935)

**Offert par :
les CompilàMax©**

Merci à mon grand frère pour le rock et l'humour,
à mes parents pour les oignons de tulipe et *Derrick*,
et à Christian B., « *the expert* »,
pour la cardiologie et le GR 20 !

Ouvrage réalisé par
Cédric Cailhol Infographiste.

Reproduit et achevé d'imprimer
par l'Imprimerie France-Quercy à Mercuès
en juin 2011.

Dépôt légal : **novembre 2010**
N° d'impression : **11108/**
ISBN : **978-2-8126-0191-0**

Imprimé en France